每天懂一點人生哲理

菜根譚教你如何身心自在，
暢情適性，逍遙人間

章岩
著

序

圓融而不圓滑，知世故而不世故

不管是誰，只要生活在這個人世間，就注定離不開周圍環境的影響。人情世故像一隻無形的手，撥弄著芸芸眾生的命運。

無論人世是多麼炎涼複雜，我們也不要悲傷，不要心急，在失意的日子裡冷靜思考。如果我們整天哀嘆、抱怨世道和人心，什麼事情都會做不了，還會墮入惡性循環，人生變得抑鬱痛苦。

看多了世間的爾虞我詐，很多人斷言，所謂通曉處世之道，就是八面玲瓏、世故圓滑。然而，真正的處世之道絕非如此。

對於人情世故，傳統文化學者南懷瑾先生理解得比較透徹，他說：「中國人所謂人情世故，是指瞭解人的情緒思想的常律及其變化，而懂得應對得當……人情這兩個字，現在解釋起來，包括了社會學、政治學、心理學、行為科學等學問都在內，也就是人與人之間融洽相處的感情。『世故』就是透徹瞭解事物，懂得過去、現在、未來。『故』就是事情，『世故』就是世界上這些事情，要懂得人，要懂得事，就叫做人情世故。但現在反用了以後，所謂這傢伙太『世故』，就是『滑頭』的別名；『人情』則變成拍馬屁的代用詞了。」

此外，魯迅先生則曾經一針見血地說道：「人世間真是難處的地方，說一個人不通世故，固然不是好話，但說他深於世故，也不是好話……然而據我的經驗，得到『深於世故』的惡諡者，卻還是因為『不通世故』的緣故。」世界複雜，做人很難，說一個人不通人情，意思是指不開竅、未成熟，可是說一個人太世故，卻又意味著這個人太過滑頭，靠不住。

那麼，人情應該如何維護，世故分寸要如何掌握呢？我們不妨學習古人的大智慧：圓融而不圓滑，知世故而不世故。先聖先賢也曾為我們提出了理想的模式，那就是：「修身齊家治國平天下。」一個人生在天地間，若是能夠掌握這為人處世的智慧，就將能真正地自在悠遊於人世間，身心都感到非常舒暢。

Chapter

7

從今天開始，讓我們這樣看世界

福不可求，禍不可避

萬事隨緣，隨遇而安

一個人的福厚福薄，就看這一點

不做老狐狸，但也別當小白兔

與天地精神相往來，並與世俗同處

暢情適性是人間逍遙之法

身心自在的做人境界

人生至味只是淡

境由心生的含義

人工與天然，何去何從

當你凝視深淵時，深淵也在凝視你

春日繁華似錦，不如秋日雲白風清

富貴如浮雲——如何看破富貴的本質

做人要有慈悲心，沒有人是一座孤島

Chapter

1

人生的修煉
從修身開始

明代政治家劉伯溫說：「人情旦暮有翻覆，平地倏忽成山溪。」連「上知天文、下知地理」的劉伯溫對為人處世的道理都如此重視，何況生活在混沌塵世的我們？而人生的修煉從修身開始。只有把身心修好了，人才能如魚得水。

高情商法寶──制怒

原文

當怒火欲水正沸騰處，明明知得，又明明犯著。知的是誰，犯的又是誰？此處能猛然轉念，邪魔便為真君矣。

譯文

當怒火中燒、欲望之水正沸騰時，自己明明知道做某件事是有害的，但還是控制不住自己做了。知道的人是誰，犯錯的人又是誰？此時此刻，如果能夠猛然轉念，懸崖勒馬，我們就能從邪魔變成一位真正的君子了。

很多時候，我們在盛怒之下做出了不理智的事情。我們明明知道做的事情不理智，可怒火卻控制著我們的言語和行動，讓我們猶如脫韁的野馬，在錯誤的路上一路狂奔，一錯再錯。

衝動不可避免，畢竟人有七情六欲、喜怒哀樂。在大家印象中，聖人是完美的，是沒有喜怒哀樂的。其實，聖賢也是人，心中也有憤怒和欲念，可聖賢之所以被尊稱為聖賢，正是因為他們善於掌控內心的情緒和欲望。那麼，如何才能管理自己的喜怒哀樂呢？當怒火在胸中燃燒、欲望之水在心中沸騰時，我們要用理智和意志去克制，將怒火和欲水控制在安全界限內。

傳說有一個叫愛地巴的人，當他還很弱小的時候，經常有人找他麻煩，欺負他。他心中十分憤怒，但又強行壓了下去。然後他就繞著自己的房子和土地跑上三圈。

後來，由於他勤奮做事，生活開始好起來，房子越來越大，土地也越來越多。但還是有人會找他的麻煩，惹得他十分生氣。每當生氣的時候，他還是繞著自家的房子和土地跑上三圈。之後，他心裡的怒火就消失不見了。

再後來，他成為當地有名的財主。可是煩心事還是不少，仍然有人故意找他麻煩。每當要衝動發怒的時候，他還是像原來一樣，繞著自己的房子和土地跑上三圈。由於他如今的房子很大，土地很多，三圈跑下來，就累得氣喘吁吁、汗流浹背。

一天，他的孫子看到他又在跑步，就好奇地問他：「爺爺，為什麼你生氣的時候要繞著房子和土地跑步？其中究竟有什麼緣故呢？」於是，愛地巴對孫子講述了自己的獨門心法，他說：「年輕的時候，每當別人跟我爭論、吵架或者瞧不起我的時候，我就特別生氣。為了克制心中的怒火，我就繞著自己的房子和土地跑上三圈。我一邊跑一邊告訴自己：『你個傻瓜，現在你的房子這麼小，土地這麼少，哪裡還有時間和精力跟人生氣呢？』這麼一想，我心頭的怒火就全沒了，於是我就可以全心全意致力於手頭的工作了。」

孫子若有所思地想了一會兒，又問道：「爺爺，後來你成了我們這裡最富有的人之後，為什麼還要繞著房子和土地跑步呢？」

愛地巴語重心長地說：「孩子啊，你有所不知啊。雖然我很富有，但憤怒的情緒還是經常會有的。這個時候我就繞著自己的房子和土地跑，邊跑邊告訴自己：『你現在的房子這麼大，你的土地這麼多，你還缺什麼呢？有些人隨他說什麼，何必非要跟他們計較呢？』這麼一想，我心裡的怒火一下子就全沒了。」

這個故事告訴我們一個哲理：當你弱小的時候，欺負你的人特別多，但是你千萬不要跟這些人糾纏下去，這樣耗費的是你的時間和精力。不如把這些時間和精力用在工作中，努力提高自己的能力和價值。等你成為別人羨慕的對象，你將發現欺負你的人都變成追捧者了。

所以，在日常生活中，當我們遇到什麼不順心的人和事，一定要學會忍耐。同時，我們還要學會以寬容之心待人。海納百川，有容乃大，這正是為人處世的行為準則。

清代大臣林則徐，少年時候就一表人才，深得父母和老師的喜愛。然而，他卻有一個致命的缺點，那就是脾氣暴躁，特別容易發火生氣。有時候，別人不小心說錯一句，他聽到後就可能爆發怒火，讓大家都下不了台。

為了改變他的這種壞習慣，父親講述了這樣一則故事：曾經有兩個壯漢捆綁著一個年輕人來到衙門公堂，狀告這個年輕人對長輩不敬不孝，而且搶劫偷盜、無惡不作。衙門裡的判官一聽，當場火冒三丈，下令將年輕人打了五十大板，並押入監牢。

一天後，有個腿腳蹣跚的老人來到公堂之上，擊鼓鳴冤，說有兩個盜賊，不但偷了自己家的牛，還綁走了自己的兒子。判官經過審查，發現完全屬實。那兩個盜賊就是昨天那兩個壯漢，而老人的兒子正是被關押在監牢之中的年輕人。判官後悔莫及，拍案大叫：「哎呀，我愛生氣的暴躁脾氣竟然被壞人利用了啊！」

父親的故事講完了，林則徐很受觸動。他舉筆在白紙上寫下「制怒」兩個大字，懸掛在書房裡，以此提醒自己牢記在心，不可被壞人利用了去。後來林則徐不斷修煉自己的心性，遇事學會了三思而後行，不再衝動魯莽，最終成為青史留名的大臣，被稱為「中國開眼看世界的第一人」。

所謂制怒，就是要掌控自己的情緒。那麼，如何防範情緒放縱的危害呢？《菜根譚》中說：「有一念犯鬼神之禁，一言而傷天地之和，一事而釀子孫之禍者，最宜切戒。」翻譯過來就是，一個念頭邪惡，就可能觸犯鬼神的禁忌；一句話說錯，就可能破壞天地間的祥和之氣；一件事情做錯，就可能給子孫後代釀成大禍。由此可見，念頭、情緒和言行不可隨意放縱，必須有所約束和控制，否則會給自己及家人帶來災禍。

物欲是最好的試金石

原文

把握未定者，宜絕跡塵囂，使此心不見可欲而不亂，以澄吾靜體；操持既堅者，又當混跡風塵，使此心見可欲而不亂，以養吾圓機。

譯文

當我們的意志還不堅定、尚無自控能力之時，應該遠離紙醉金迷的喧囂場所，讓自己這顆心不因受欲望誘惑而迷亂，這樣才能保持澄淨之心的本質。當意志堅定、可以自我控制之時，就應當多跟各種環境接觸，即使看到誘惑，也不會使自己迷亂、墮落，從而涵養自己圓融練達的智慧。

俗語說：「少不讀水滸，老不讀三國。」這句話我們該如何理解呢？其實很簡單，少年人血氣方剛，做事容易衝動，而《水滸傳》中講的都是打打殺殺的故事，讀了可能會使年輕人產生「英雄崇拜」，效仿梁山好漢「替天行道」，危害社會的同時又毀了自己的前途；上了年紀的人經歷豐富，《三國演義》裡充滿各種算計、爾虞我詐，讀了之後，難免愈加老謀深算，從而影響做人做事的本性，最終導致無法靜下心來頤養天年。

人的欲望，既是開拓世界的動力，但也是喪身亡命的根源。如果一個人抵擋不住物欲的誘惑，很可能會落入別人設置好的陷阱和圈套。

在亞洲某些地方，流行一種捕捉猴子的絕招，可以說屢試不爽。方法是這樣：獵人先找來一些椰子，然後將椰子挖空，用繩子把椰子固定在一棵樹上。椰子洞裡放上誘人的食物，洞口大小剛好能讓猴子空著手進去，但如果握緊拳頭，則無法拿出來。猴子很快就嗅到食物的味道，於是跑過來，慌忙把手伸進去抓。猴子手裡抓著食物，攥緊拳頭，無論如何都無法從洞裡出來。即使這樣，猴子也不肯放棄食物離開。就在這時，埋伏的獵人衝過來，猴子驚慌不已，但手仍緊緊抓住食物，只好眼睜睜地看著自己落入獵人的魔掌之中。

猴子是一種聰明的動物，但在欲望的誘惑下，竟然變笨了。其實，牠只需要把到手的食物放棄，就可以逃命，但猴子無法做到。可見戰勝自己的欲望是多麼困難的事情。面對物欲的誘惑，我們的所作所為又能比猴子強多少呢？

對現實中的每個人來說，誰都有渴望成功、財富的欲望，當一些虛幻的、不切實際的誘惑擺在面前時，這就成了考驗。

《道德經》第三章中說：「不見可欲，使民心不亂。」如果一個國君想讓民心安定，就不可呈現太多眼花繚亂勾起老百姓欲望的東西，否則人心亂了，國家就不好帶了。同樣，當一個人的意志力太弱，缺乏自控能力時，也應該遠離外界誘惑，保持內心的澄淨。說白了，就是眼不見為淨。讓自己遠離充斥誘惑的場所。心靈不受污染，自然就比較容易保持純淨的本色。

艾力克斯是美國德州一家小電器公司的老闆，一九八五年他的一個朋友想把一大筆錢投資到他的公司，打算與他將公司規模擴大，在股票市場上市。要知道，當時股票瘋狂上漲，每天都有上萬個富翁誕生，這是多少人夢寐以求的發財機會！可艾力克斯經過一週的考慮，斷然拒絕了朋友的幫助，其中的一個原因是他沒有控制和管理大型公司的經驗，心裡沒有十足的把握。

後來，他的朋友找到其他合夥人，成為一家大公司的股東。趕上了好時候，股票一陣猛漲，朋友隨之發了橫財，買豪宅，換名車，可謂風光無限。與此同時，艾力克斯卻將自己辛苦經營多年的電器公司解散，將錢存起來，自己進入日本一家電器公司做了業務主管。

過了兩年，席捲全美的股災大爆發，股票走勢一再下滑，他的朋友從富翁頃刻之間變得一無所有，最終選擇自殺。而艾力克斯卻保存了實力，憑藉著自己積蓄的資金和在日本電器公司的管理經驗東山再起。此後十幾年，他成了德州最大電器公司的總裁。

為什麼艾力克斯沒有在這次金融災難中倒下呢？因為他懂得一個道理：一個人在沒有能力、或者沒有把握能夠得到之前，要勇於拒絕自己不該得到的東西，懂得克制物欲對內心的誘惑。

我們每個人都應當練習學會摒棄世俗的雜念，發現本心，回歸本性，從而達到一種超脫的境界。

遺憾的是，我們生活在現實的世界中，無法做到完全不染世俗塵埃。不過，儘管物欲大肆侵襲，但我們還是可以學習掌控自己的內心。當欲水沸騰時，我們不妨冷眼旁觀，甚至視而不見，讓自己致虛極、守靜篤，而後再靜觀其變，伺機而動。

人生需要歷練，才能成熟起來。《菜根譚》中有句話：「澹泊之守，須從穠豔場中試來；鎮定之操，還向紛紜境上勘過。」大意是說，是否有淡泊寧靜的志向，必須透過濃豔奢華的場合才能檢驗得出來；是否有鎮定如一的節操，需要透過紛紛擾擾的環境勘驗。

康熙年間，有個秀才走進一家書店，正好有人買《呂氏春秋》付款的時候，不小心掉在地上一枚銅錢。他趕緊走過去把這枚銅錢踩在腳底下，等買書人走後將銅錢撿起來裝在自己口袋裡。

殊不知，秀才的這一連串舉動，都被旁邊一個老頭看得一清二楚。老頭假裝什麼都沒看見，問秀才的名字，秀才告訴他後老頭冷笑了兩聲，背手而去。

秀才後來科舉順利，被任命為常熟知縣，他特別高興，打理好行李就準備赴任。就在這時，江蘇巡撫湯潛庵卻突然通知他不用去赴任了，因為他的名字已經被列入檢舉彈劾名單中。

聞聽此事，秀才大呼冤枉，找到巡撫湯大人，當面質問：「我到底犯了什麼錯要被檢舉彈劾？」

湯大人回答：「貪污！」

秀才辯解道：「我還沒赴任，哪裡來的貪污贓款？望大人明察。」

湯大人說：「你還記得曾在書店裡做過什麼事嗎？你看見一枚銅錢就如此貪心，如果讓你當了地方官員，豈不是要從老百姓口裡去搶？」

秀才至此方恍然大悟，原來當年那個問自己名字的老頭，正是今天的巡撫大人，他不禁羞愧不已。

一枚銅錢就試探出了人品。我們大家都看過《西遊記》，其中唐三藏西天取經，跋山涉水、魑魅魍魎、妖魔鬼怪，經歷的考驗不可謂不多。但他意志堅定，在各種磨難和誘惑中始終不忘西天取經的志向，所以能夠取得真經，修得正果。

關於物欲對心智的修煉，《增廣賢文》中有段話說得透徹：「未曾清貧難成人，不經打擊老天真。自古英雄出煉獄，從來富貴入凡塵。醉生夢死誰成器，拓馬長槍定乾坤。揮軍千里山河在，立名揚威傳後人。」

如果一個人胸懷大志，想要修煉自己強大的內心，培養自己圓融練達的智慧，那麼充斥在我們生活中的各種物欲，便是最好的試金石。

而當我們有了足夠強大的定力之後，不妨多多與外界接觸，即使面對諸多誘惑，也依然可以駕馭自我，而且會愈加堅定自己的信念，如同「出淤泥而不染，濯清漣而不妖」的蓮花。

心智清醒的良藥——事悟和性定

原文

飽後思味，則濃淡之境都消；色後思淫，則男女之見盡絕。故人當以事後之悔悟，破臨事之癡迷，則性定而動無不正。

譯文

酒足飯飽之後，再想美味佳餚，則所有香濃寡淡的境界都消失了；色欲滿足之後，再想淫欲之事，則男歡女愛的念頭都斷絕了。所以人們應當用事後的悔悟之心，破除事到臨頭或身在事中的執迷不悟，那麼就能心性穩定，一舉一動無不合乎正理。

事悟，就是指人們往往在做完事後才徹悟。性定，是指能夠掌控自己的性情，讓心性穩定、志向堅定，拒絕外界誘惑。一個人只有做到了事悟和性定，才能更好地規範自己的行為。

現實生活中，我們往往在利益和欲望的驅動下，做出一些事後很懊悔的事情。為了達到一時目的，我們忽略了應該遵循的原則，缺乏理性的思考，等到事情的惡果出來，我們才幡然醒悟。關於事悟，有這樣一個風箏的故事，值得深思：

天空中，一隻風箏在飛著，忽高忽低。它被一根線拴著，而這根線則被一個男孩的手牽著。風箏迎著風，飛得越來越高。它越過高大的樹，越過了高樓。它高昂著頭，在空中得意極了。它越來越驕傲，心裡想：「哼，如果沒有這根線拉著我，我一定能夠飛得更高、更遠。我能一直飛到天邊去！」於是它透過這根線對小男孩傳話：「請把這根線剪斷，我討厭它！沒有它的牽絆，我一定可以飛得更高更遠！」

小男孩說：「不，我不能這麼做，沒有這根線，你會被風吹落的。」

風箏發脾氣道：「不可能，沒有它，我只會飛得更好，更自由。我討厭它！」小男孩不理會它的請求，把手裡的線拉得緊緊的。風箏見小主人不聽從自己的意見，就更加生氣了，它發瘋般地掙扎，一心要擺脫那根線的束縛。

兇猛的風吹來，風箏借著風力，奮力一掙，只聽「砰」的一聲，線斷了。它自由了。然而很快，風箏在狂風中就失去了方向。它忽左忽右沒腦地亂飛，漸漸失去了力量，一頭朝著大地扎下去。就這樣，風箏墜落在一個臭水溝裡。

在臭水溝的氣味裡，風箏醒悟了，認識到自己的狂妄和錯誤。它明白了一個道理，那根線雖然約束了自己，但也給了自己足夠的動力和保護。

為什麼我們總是在事前執迷不悟，事後才有所醒悟？難道這是人性的弱點嗎？古希臘哲學家赫拉克利特說：「人不能兩次踏進同一條河流。」然而，我們在錯誤面前卻是個例外。很多時候，我們明明做錯了一件事，但再碰到同樣的情況，我們可能還會一錯再錯。如何避免出現這樣的問題呢？在處世方面，臨事前多想想後果，斟酌權衡一下利弊，切不可急躁冒進。

然而，很多事情只有經歷過、體驗過才會消除迷惑，只有在事後才能保持冷靜的思考。如果沒有經歷、體驗過的人，面對誘惑就很難有真正的覺悟和清醒。正如現代文學家胡適在《夢與詩》中寫道：「醉過才知酒濃／愛過才知情重／你不能做我的詩／正如我不能做你的夢。」由此可見，面對世界上形形色色的誘惑，自己的心性是否安定，一方面與自我天性有關，但更多與自我閱歷有關。

曾國藩在日記裡曾記載了一個故事：有一天，他做了一個夢，夢見自己看見朋友得了一筆意外之財，不由得動了羡慕之心。等到早上醒來，他回想夢中的情景，覺得自己非常可恥，反省自己不該存有此種貪念。正是基於他的這種時刻警惕和反省的好習慣，才成為了晚清中興名臣。

我們所犯的過錯，大都是意念在作祟。一時的貪念、癡念發作，尚未看清事情的本質，就已經迷失了自我，被眼前的假象迷惑，從而做出不理智的選擇。

在現今的社會，權勢、財富、欲望都是我們所熱衷和企盼的。可是，我們在追求這些東西的時候，不能迷失真我，而要學會剖解事物的本質，做出正確的判斷，同時也吸取教訓，積累經驗，別屢錯屢犯。

一個人唯有心定下來，世界萬物才能定下來。如果內心動盪不安，則萬物都在搖擺不定之中。修身的根本不在外界，而在於修心，去除內心的妄念，讓心靜下來、定下來。心靜性定，則萬物無不自得。哪怕風雲變幻，我們這顆心都將不隨物流、不為境轉，達到動靜如一的境界。

人生必修課——中庸的智慧

原文

氣象要高曠，而不可疏狂；心思要縝細，而不可瑣屑；趣味要沖淡，而不可偏枯；操守要嚴明，而不可激烈。

譯文

一個人的氣度要高遠曠達，但又不能太粗疏狂放；思維要細緻周密，但又不能太雜亂瑣碎；趣味要高雅清淡，但又不能太單調枯燥；節操要嚴正光明，但又不能偏執剛烈。

人一出世，就生活在特定的環境中，總不免要與各種各樣的人打交道。因此，學會為人處世，就成了我們一生也避不開的必修課。如何學會為人處世，處理好人與人之間的關係呢？古代的聖賢給我們指出一個智慧的法門：中庸之道。

儒家經典《中庸》說：「喜怒哀樂之未發，謂之中。發而皆中節，謂之和。中也者，天下之大本也；和也者，天下之達道也。致中和，天地位焉，萬物育焉。」意思就是，喜怒哀樂的念頭未發動叫作中，一旦發動都恰到好處、契合節拍叫作和。中是普天之下自性的根本，和是普天之下通達至境的通道。如果達到中和的境界，天地就各正其位，萬物就發育成長。

由此可見，所謂中庸，就是中正、平衡、和諧，為我們揭示了一種不偏不倚、恰到好處的人生態度。透過對自身的教育、約束和檢視，在為人處世時巧妙地把握分寸，不走極端，不說過頭話，不做過頭事。在現實中，做人要圓通，但不要圓滑。要通世故，但不可過於世故。我們可以有遠大的抱負，盡情施展自己的才華，但不要過於狂妄。不顯露小聰明，不恃才傲物，狂狷恣肆。

魏晉時期，中國歷史上鼎鼎有名的人物嵇康，是竹林七賢的精神領袖，才氣名重天下，但生性狂放不羈，做事不拘常理，對王侯公卿更是不屑一顧，嗤之以鼻，對誰都瞧不上眼。像這樣的人，雖然有才華，但卻很難融入社會，和當時很多權勢人物都有矛盾衝突。

一天，位高權重的大將軍鐘會前來拜訪嵇康。當時嵇康正與人在大樹下打鐵，見到鍾會前來，嵇康旁若無人，對其置之不理，依然鍛造他的鐵器。過了很久，鍾會正要離去，嵇康終於開口：「你聽到什麼而來，見到什麼而去？」鍾會覺得這次造訪很沒面子，生氣地說：「聽到我所聽的而來，見到我所見的而去。」自此對嵇康懷恨在心，成了仇人。鍾會在皇帝面前屢進讒言，風華絕代的大才子嵇康最終沒能躲過一個「言論放蕩，誹謗經典」的罪名，處死刑場之上，年方四十歲，而且連自己最拿手的名曲《廣陵散》也從此失傳了。

大才子嵇康的志向不可謂不高遠，然而他不通人情世故，不懂為人處世之道，尤其是在當時禮教盛行的政治環境下，依然我行我素，下場很慘。

為人處世是一門大學問。有些人和事縱然你看不慣，言行舉止也不要表現出來，要善於隱藏自己，懂得基本的應對之道。情趣高雅可以，但不可過於清高，不近人情。生活在世界上，我們要與人和諧相處，以中庸之道約束自己的言行舉止。注意分寸，把握火候，時刻掌握一個度，左右適中，前後恰當。就像走鋼絲一樣，小心謹慎，方能保護自己的安全。

《菜根譚》中說：「處世不宜與俗同，亦不宜與俗異；做事不宜令人厭，亦不宜令人喜。」意思就是，為人處世既不要同流合污陷於庸俗，也不要故作清高標新立異，從而脫離世俗人群；做事不要使人產生厭惡之情，也不要故意迎合討人歡心。那麼，我們應該怎麼做呢？牢記中庸兩個字就夠了，一切以自然平衡為準則。

如果讀懂了中庸的哲學，就會認識到：一個人在做事的時候，心思縝密，考慮周詳，固然是好事，然而，我們還是應掌握一個中庸平衡的度，如果思慮太過，做事總是思前想後，不免會陷入煩瑣之中，從而優柔寡斷、難於抉擇，這樣就會白白錯過難得的機會。

古人云：少則得，多則惑。有時在做事的時候，顧慮少一些，會使人當機立斷，提高工作效率，最終能達到一個理想的目標；考慮得過於細碎瑣屑，就會對問題感到困惑茫然，容易失去大局上的把握，反而會貽誤良機。

在工作和生活中，我們應該時常保持自律的態度，這樣可以使我們在面臨抉擇時冷靜下來。可是，嚴明的操守只可要求自己做到，不可過分強求他人也達到你所企盼的境界；而且，也不可嚴明到走極端，那樣就會過於冷酷無情。

歷史上有些人志向宏遠、秉性高潔，不願與人同流合污，內心不免陷於做出選擇的掙扎中，於是他們可能會開始憤世嫉俗，滿腹牢騷，表達自己對世事的不滿。學會中庸智慧，以一種謙讓、平和、適中的態度與人交往，可避免過於偏激剛烈。

將中庸思想滲透在為人處世的方方面面，以中庸態度待人，我們會得到事半功倍的效果。孔子說：「君子中庸，小人反中庸。」就是由於君子的一言一行都表達得恰如其分，能恪守中道，做事四平八穩，所以才被稱為君子。而小人則大多違反中庸之道，做極端的事情。

君子戒條——孤家寡人是這樣形成的

原文

山之高峻處無木，而溪谷迴環則草木叢生；水之湍急處無魚，而淵潭停蓄則魚鱉聚集。此高絕之行、褊急之衷，君子重有戒焉。

譯文

山峰險峻之處一般沒有樹木生長，而在溪谷蜿蜒曲折處卻草木叢生；水流湍急處沒有魚兒停留，而平靜的水潭裡則有大量魚鱉聚集。所以，過於清高孤絕的行為，過於狹隘偏激的心理，對一個有德行的君子來說，都是應當戒除的。

從地質學角度來看，高峻的山峰大都是岩石，缺乏草木生長的環境，加上氣候寒冷、氧氣稀薄，因此植物荒疏；拿來和人相比，一個人的性格如果嚴苛高冷、剛愎自用，就不易讓人親近，其結果會是孤立無援、很難有成就。

在溪谷環繞之處，草木蒼翠，這是說人的性格如果能夠虛懷若谷，放低姿態，那麼大家都願意和這人親近。此外，在水流湍急的溪水之中，魚鱉很難停留，和緩寬闊之處則魚蝦大量繁殖。人的性格如果褊急狹隘，很難容人，他人都會避而遠之。

一個人若是孤傲清高，整天像山峰一樣俯視眾生，那麼等待他的有可能是眾人遠離。反過來，如果一個人的氣量和緩闊大，像浩瀚的湖泊，就能包羅萬物，人們都願前來投奔效勞。因此，處世要低調謙和、包容有量。如果一個人能夠不苛責他人，為人隨和、雅量寬宏，自然就能贏得眾人喜愛。

楚莊王是春秋時期楚國的國君，有一次他宴請文武百官。大家酒興正濃，突然蠟燭熄滅，四周一片黑暗。借此機會，有人偷偷調戲楚莊王最寵愛的妃子。妃子扯下了這個人的帽纓，並向楚莊王告狀：「大王，剛才有個不規矩的傢伙趁機調戲我，我已把他的帽纓扯斷了。快讓人點燈，看誰的帽纓斷了，這樣必定一清二楚！」

楚莊王想了想說：「不行，大家在興頭上不小心出現失禮之事也是人之常情。我怎麼能因此就讓大家掃興，並且讓大臣顏面盡失呢？」於是，他在黑暗中命令大家：「咱們今天聚會，必須放得開才行。現在讓我們都扯斷帽纓，一起喝個痛快吧！」大家聽話照做，紛紛扯斷帽纓。蠟燭重新點亮，大家頭上都沒了帽纓，彼此沒有差別，繼續飲酒狂歡，個個都非常盡興。

三年之後，楚國與晉國爆發戰爭。楚莊王這邊有一位將軍作戰特別勇敢，五場戰爭都奮不顧身地衝在最前面。在此人的帶動下，士兵們奮勇爭先，晉國因此大敗，楚國取得空前的勝利。楚莊王問這位將軍：「我以前並沒有特別厚賞你，為何你竟如此拼殺呢？實在太讓我感動了！」同時要給他賞賜。這位將軍拒絕了賞賜，說：「我罪該萬死，怎麼敢要賞賜呢？那次宴會上，帽纓被扯斷的人就是我。大王您寬容了我的罪過，讓我不知如何報答，這次戰場上我抱定必死的決心，要報答您的恩情。」

楚莊王之所以能成為春秋五霸之一，是有原因的。《諫逐客書》中說：「泰山不讓土壤，故能成其大；河海不擇細流，故能就其深；王者不卻眾庶，故能明其德。」黎巴嫩詩人紀伯倫說：「一個偉大的人有兩顆心：一顆心流血；另一顆心寬容。」可見，寬容是王者的性格體現。楚莊王就是這樣的王者，他的胸懷就像大海，讓蛟龍魚蝦都能聚集在自己身邊。

俗話說，海納百川，有容乃大。有一位智者說，寬容與刻薄相比，我選擇寬容，因為寬容失去的只是過去，刻薄失去的卻是將來。凡事不要太較真，寬容別人的不完美，等於為自己打造一條通天大道。

如何克服自身的急躁性格，而修煉出寬仁包容的氣度呢？清代學者金纓在他編著的《格言聯璧》中寫道：「眼界要闊，遍歷名山大川；度量要宏，熟讀五經諸史。」這裡給出的方法論有兩點，一是走出門，跳出個人小圈子，多看看名山大川，看看這個世界。二是看聖賢的經典著作和二十四史等，讓自己「掌上千秋史，胸中百萬兵」。

為人處世要牢記的四項基本原則

原文

不輕諾，不生嗔，不多事，不鮮終。

譯文

不要輕易對人許諾，不要隨便發脾氣，不要惹是生非，不要做事有始無終。

做人做事一定要牢記的四項基本原則，是什麼呢？《菜根譚》在這裡給出了明確的答案。第一，不輕諾；第二，不生嗔；第三，不多事；第四，不鮮終。下面讓我們逐條解讀。

第一個原則：不輕諾。

不管什麼時候，在什麼地方，做人和做事都要有所節制。什麼話能說，什麼話不能說，什麼事能做，什麼事不能做，都得保持一顆清醒的頭腦。

在《禮記．緇衣》中，孔子說：「君子道人以言，而禁人以行，故言必慮其所終，而行必稽其所敝，則民謹於言而慎於行。」意思就是，一個可靠的君子，喜歡用言語來引導人們，用自己的行為做表率，禁止人們的不良行為。因此，說每一句話都要考慮結果，做每一個行動都要考察結局。由此可見，做人謹言慎行，無論修身養性，還是與人交往，都是一種絕佳的處世態度。

在現實生活中，有很多人在高興的時候，往往得意忘形，輕易就對別人承諾一些事情。別人聽了自然會很高興，可他當時卻沒有想過——這些事情自己能做到嗎？能否兌現對別人說過的這些話？

我們在說話之前，必須先考慮自己的實力，別輕易亂開「空頭支票」。一旦對別人承諾了什麼，我們就要努力兌現。如果個人能力有限，別動不動就誇下海口。

第二個原則：不生嗔。

人在不如意時，往往會鑽牛角尖，特別容易負面思考，再將那些不順遂的事想起來，更是愁上加愁，脾氣便如同火山爆發一樣。隨便發脾氣，很有可能就會得罪了那些得罪不起的人，做出後悔莫及的事。

看過《三國演義》的朋友，都知道張飛是怎麼死的。關羽敗走麥城，終被孫權生擒害死。張飛聞此噩耗，整天大哭，悲不自勝，所以經常飲酒，寄託對亡兄的哀思。可他有個毛病，一喝醉，便怒氣勃發，喜歡鞭撻將士。

接下來，他和劉備一起決定率兵攻打孫權為關羽報仇，並下令三天內造出大量的白旗白甲，讓三軍為關羽掛孝。負責後勤工作的兩名小將覺得任務太急，求他寬限時日。誰知張飛大怒道：「我急欲報仇，恨不得明天就跟孫權決戰，你們居然違抗我的將令！」不由分說，將二人綁到樹上，各鞭打五十。那兩名手下畏懼無法完成任務，遲早被他砍頭，於是先下手為強，趁張飛晚上醉飲酣睡後，將他的腦袋先給砍了。

英雄戰死沙場，那是死得其所，死得光榮、死得壯烈！然而，像張飛這樣因為亂發脾氣而被無名小卒給害死，真是莫名的悲慘啊！看完張飛的案例，相信各位就會明白一個「嗔」字，害了多少英雄好漢！

孟子說：「自暴者，不可與有言也；自棄者，不可與有為也。」自己糟蹋自己的人，不要跟他說什麼道理；自己放棄自己的人，不要和他一起共事。一個動不動就發脾氣的人，就是糟蹋自己而不自知的人，也可以說是一個自暴自棄的人。

我們要學會控制自己的情緒，想想什麼話說出來使人心裡舒服，什麼事做出來不讓人厭惡。在生活中，我們常常發現，越是德高望重的人，越謙卑隨和，使人容易接近。越是微不足道的小人物，越是架子十足。大人物是不隨意犯「嗔」病。

第三個原則：不多事。

俗話說，多一事不如少一事。如果一個人總喜歡惹是生非，就會給周圍的人帶來困擾，招致大家厭煩。成為眾人討厭的對象，失去朋友。

什麼樣的人喜歡惹是生非呢？一般來說，驕傲而自以為是的人。西方某位哲學家說：「一個人如果驕傲，即使身為天使，也會淪為魔鬼；如果謙卑，雖是凡人，也會成為聖賢。」

第四個原則：不鮮終。

《詩經・大雅・蕩》中說：「靡不有初，鮮克有終。」人做一件事，初開始的時候並不會萎靡不振、想要放棄的，但成功做到最後的卻很鮮少。做成一件事不容易，人往往會經歷很多挫折和苦惱，這個時候就會力不從心，開始打退堂鼓了，甚至開始找理由推託，原本很好的事情最終以失敗告終……這就是有頭無尾，千萬不要讓自己成為這樣的人。

成功者必備素質有很多，其中很重要的一條就是善始善終，絕不輕易半途而廢。若是做到做事前謹慎考慮，對所做的事負責到底，以堅韌不拔的毅力，克服一切困難，最後必能用結果說話，交出一份圓滿的答卷。

清能有容，仁能善斷

原文

清能有容，仁能善斷，明不傷察，直不過矯。是謂蜜餞不甜、海味不鹹，才是懿德。

譯文

清高廉潔又有容忍的雅量，寬厚仁慈又能當機立斷，精明卻不過分苛察，性情剛直卻不矯枉過正。這種道理就像是蜜餞雖然浸在糖裡，但卻不過分的甜，海產的魚蝦雖然醃在缸裡，卻也不過分的鹹。一個人只有掌握住這種不偏不倚的尺度，才算是擁有為人處世的美德。

學會用中庸的原則為人處世，人生就會比較順遂，輕鬆許多，也會意識到：凡事不可走極端，過清、過明、過直、過剛，會導致挫敗，不是長久之道。

為人處世之道，講究的就是謹言慎行，左右逢源。自己雖然保持高潔的操守，但若過於剛毅狷直，一旦看到別人有不恰當行為，便大加斥責，疾惡如仇，很有可能就會遭到同儕的嫉恨。這時所面對的，不是受人排擠，得不到提升，就是遭人暗算，讓人背後捅刀子。

「清」是優秀品質，但是刻意為「清」，並以「清」自許，依仗著自己清高清廉，無敬畏之心，一意孤行，不知圓融和謙讓，將釀成更大的過錯。

晚清小說家劉鶚寫過一本書叫《老殘遊記》，書中講了「清官」的故事。清官比貪官更加可惡，因為仗著自己清廉，不貪污不受賄，於是就敢隨意殺人，認為自己殺的都是壞人，殊不知十有八九都是好人，就這樣草菅人命。曾經有一個富人被強盜陷害，富人的家人為了把主人救出來，不惜托人給清官送來很多銀子。清官假裝收下，然後將這銀子作為富人的罪證。他的理由是，這個富人肯定是有罪的，不然他的家人送銀子幹什麼？這些銀子就是罪證！結果，這些銀子不但沒有救下富人的命，反而讓他掉了腦袋。

劉鶚借小說主角老殘之口說出這樣的觀點：「清廉人原是最令人佩服的，只有一個脾氣不好，他總覺得天下都是小人，只他一個人是君子。這個念頭最害事的，把天下大事不知害了多少……贓官可恨，人人知之；清官尤可恨，人多不知。蓋贓官自知有病，不敢公然為非；清官則自以為我不要錢，何所不可，剛愎自用，小則殺人，大則誤國。」

康熙皇帝曾在一道詔書中討論清官問題，他說：「清官多刻，刻則下屬難堪，清而寬方為盡善。朱子云：居官人，清而不自以為清，乃為真清。」意思就是，清官大多刻薄，不能容人，一旦刻薄，下屬就不堪忍受。如果既清高清廉又能做到寬仁有容，才是盡善盡美。朱熹曾說，當官的人，清廉但又不認為自己清廉，才是真正的清廉。

劉鶚得出結論說：「天下事誤於奸慝者十有三四，誤於不通世故之君子者十有六七。」天下事被奸詐之人耽誤的占十分之三四，而被不通人情世故之人所耽誤的卻占到了十分之六七。

為什麼會出現這種情況呢？這就是清而不能容造成的惡果。所以，「清能有容」才是正確的做人做事智慧。在歷史上，不少赫赫有名的大人物在這方面堪稱典範。

戰國時期，藺相如在「完璧歸趙」和「澠池之會」兩次與秦國的較量中，為趙國贏得了不少面子，因此趙王拜他以上卿之位，對他的尊寵達到巔峰。這時，向來能征善戰的大將軍廉頗看不下去了，幾次向他挑釁，對他頗有微詞：「你一個小小的文臣，只會花言巧語耍弄口舌，跟我這種衝鋒陷陣的大將軍怎麼能比呢？」於是就想盡辦法羞辱藺相如。

藺相如知道以後，總是儘量躲避他，為了保全國家大局，不與他正面衝突。過了一段時間，廉頗終於覺悟到藺相如考慮的是趙國的全域利益，而自己則只顧及私人恩怨，心胸簡直狹隘到了極點。於是，他親自登門負荊請罪，從此「將相和」的故事成為一段千古美談。

面對廉頗的嘲諷和挑釁，藺相如做到了「清能有容」，這是一種格局和境界。而廉頗也做到了「直不過矯」、「知過則改」，兩個人在行為上都把握住了分寸。這一點十分值得我們學習和借鏡。

事實上，「清能有容」、「直不過矯」這種智慧，源自古人的諍言。正所謂，水至清則無魚，過於清高，往往吹毛求疵，看誰都不順眼。如果能做到寬容，則絕非常人。

明代詩人楊基說：「人情世故看爛熟，皎不如汙恭勝傲。」他認為清高明白比不上混混沌沌，謙恭勝過孤傲。如果對方犯有過錯，我們應當學會包容忍讓，心平氣和地對他諄諄教導，而不是嚴厲指責。只有對人懷有寬容之心，才能使人親近。如果總是剛中帶刺，咄咄逼人，大家就會敬而遠之。

然而，我們還要明白一個忠告：仁而能斷。做人寬仁忠厚，如果再能做到果斷，那就達到一種非凡的境界了。有一部分寬仁忠厚之人往往會優柔寡斷，最終導致隨波逐流。對於這類寬仁忠厚之人，魯迅說過這樣一段話：「俗語說：『忠厚是無用的別名。』也許太刻薄一點罷，但仔細想來，卻也覺得並非唆人作惡之談，乃是歸納了許多苦楚的經歷之後的警句。」這是智者的言論，值得銘記在心。

過於寬仁忠厚，沒有果斷的氣魄，沒有決斷的霸氣，就會淪為軟弱可欺。只有清能有容、仁能善斷，才能左右逢源，事事有人助。

Chapter

2

大道至簡，不忘本心

從本質上說，世界的問題永遠是人的問題，人的問題與內心有關。無論是哪方面，都需要我們內心的頓悟。從外尋到的都是皮毛，只有從本心得到的才是源頭。

掃除外物，直覓本來

原文

人心有一部真文章，都被殘篇斷簡封錮了；有一部真鼓吹，都被妖歌豔舞湮沒了。學者須掃除外物，直覓本來，才有個真受用。

譯文

每個人的心靈深處都有一部好的文章，可惜卻被內容不健康的雜亂文章給封閉了；每個人的心靈深處都有一首美妙的樂曲，可惜卻被眼前的妖歌豔舞所埋沒了。所以研究學問的人，必須掃除一切外來物欲的引誘，直接用自己的智慧去尋求本性，如此才能求得一生受用不盡的真學問。

唐代詩人李白說：「天生我材必有用！」這句話自信、深刻而又振聾發聵，告訴我們每個人天生都有慧根，都可以成為有用的人才。也就是說，每個人的心中都有一篇真文章、一首好樂曲，但為什麼許多人都還是庸庸碌碌一生呢？我們的慧根去了哪裡？

《菜根譚》告訴我們，每個人的心中都有錦繡華章，只是被殘篇斷簡給封閉了。所謂殘篇斷簡，是一種比喻的說法，具體是指一些雜亂的思緒，紛擾的生活瑣事。物欲的摧毀力很強。它可以讓理想淪喪，讓潔白玷污，讓天性泯滅。在儒家經典《孟子》中，曾記載了這樣一個故事：

曹交問：「人人皆可做堯舜，有這回事嗎？」孟子說：「有。」

曹交繼續問：「聽人說，周文王身高一丈，商湯王身高九尺，如今我的身高也不算低，有九尺四寸多了，可是我哪裡比得上文王和商湯呢？我啊，只會吃白飯罷了！如果不想平庸一生，我應該怎麼做才行呢？」

孟子回答：「沒有關係，你一樣可以成堯舜一樣的人物，只要堅定信念，勇敢去做就行了！如果一個人總是認為自己連一隻小雞都拎不起來，那麼他肯定會一天比一天沒力氣。如果一個人相信自己能舉起三千斤，即使做不到，他也必定是一個力氣很大的人。不要憂患自己能不能做到，而要問自己有沒有去做。例如，你讓年長者走在前面，自己在後面慢點兒走，這就是悌（敬愛兄長）。如果自己搶在前面走，那就是不悌（不敬愛兄長）。慢點兒走這麼簡單的事，難道很多人做不到嗎？只是他們不肯這麼做而已。堯舜之道是什麼？很簡單，做到孝悌就差不多了。這些都是很容易做到的。你穿上明君堯帝的衣服，說著堯帝的話，做著堯帝的事，那麼你就是堯帝一樣的聖賢人物。如果你穿著暴君夏桀的衣服，說著夏桀的話，做著夏桀的事，那麼你就是夏桀一樣道德低下的人了。」

曹交說：「您說得太好了，我情願留在您的門下做您的弟子！」

孟子回答：「堯舜之道就像平坦的大路一樣，難道很難瞭解嗎？它就在那裡，只是人們不肯尋求而已。你回去自己找就可以了，老師到處都是，你自己就可以做自己的老師呢。」

在這裡，孟子肯定了「人人皆可為堯舜」的觀點。堯帝和舜帝是中國上古時代有名的君主，他們仁義而道德，為人處世都堪稱典範，為後人所讚頌。孟子認為，每個人在天性和行為能力上都具備成為堯舜的可能，而且很容易做到，就像在大路上行走一樣。只是我們不肯去尋求堯舜之道，而且不肯去踐行而已。我們心中的堯舜之道，被塵俗給遮蔽和掩藏了。如果你能主動尋求並親身踐行，像堯舜一樣做人做事，即使你成不了堯舜，也必定是一個讓世人敬仰的聖賢君子。

曾經有一個富人，富有之後發現很多人都開始遠離自己。於是他專程去拜訪一位哲學家，向他請教一個令自己頭痛的問題：他富有之後，為什麼很多昔日親友反而不喜歡自己了？對此，哲學家沒有直接回答，而是把富人帶到窗前。

哲學家說：「透過窗戶向外看，你看到了什麼？」

富人說：「我看到很多人，有老人有小孩，還有四處奔波的年輕人。」

接下來，富人又把他帶到一面鏡子前，說：「透過鏡子去看，說說都看見了什麼？」

富人看了又看，說：「我只看見了我自己。」

哲學家會心一笑，說：「窗戶和鏡子都是玻璃所做，只不過鏡子的後面多了一層薄薄的水銀。在這層薄薄的水銀的蒙蔽下，心性被外物蒙蔽，看不到別人，只看到了自己。」

那麼，我們應該如何尋回心中的「真文章」和「真鼓吹」呢？《菜根譚》給出的方案是八個字：掃除外物，直覓本來。就像打掃落葉和蛛絲一樣，把迷亂視線的紛雜事物一一掃除，直接向內尋覓心靈的本來面目，猶如烏雲散盡，明月重現，心中灑滿智慧的清輝。

世人喜歡向外尋求，殊不知真理就藏在自己心中，自己內心深處才有真正的好文章和好樂曲。用心去閱讀和聆聽，一定可以發現自己內心世界的美妙。

無獨有偶，德國古典哲學家康德也認為人的內心蘊藏著強大的力量，他曾說：「有兩種東西，我對它們的思考越是深沉和持久，它們在我心靈中喚起的驚奇和敬畏就會越來越歷久彌新。一個是我們頭頂浩瀚燦爛的星空，另一個就是我們心中崇高的道德法則。」星空和人的內心有著相似之處，一個遵從自然規律，一個遵從社會法則。而這一切，唯有心才能理解和體悟。

無論是哲學方面的靈感，還是為人處世的開竅，都需要我們內心的頓悟。從外尋到的都是皮毛，只有從內心得到的才是本真和源頭。我們要按照內心的指引，來選擇自己的方向。

心靜自然涼，心遠地自偏

原文

延促由於一念，寬窄係之寸心。故機閒者，一日遙於千古；意廣者，斗室寬若兩間。

譯文

漫長和短促是由於主觀感受，寬和窄是由於心理體驗。所以對心靈閒適的人來說，一天比千古還長；對胸襟開闊的人來說，一間斗室好像天地之間那樣寬廣。

一天二十四個小時，有人覺得過得太快，有人卻覺得過得太慢。一項工作，有人做起來輕鬆自如，得心應手；有人做起來卻覺得艱巨繁重，力不從心；一本書，有人讀起來興趣盎然、廢寢忘食，有人讀起來卻味同嚼蠟。

其實說白了，這就是我們內心的感覺問題。感覺是什麼？就是心態，我們的心意和念頭。我們做一件事，往往是心態在指導自己的行為。如果我們的心態是積極樂觀的，再難的事情也能應付自如；如果心態是消極、抵觸或排斥的，那麼這件事就不可能做好。

一天，某個陌生的小鎮，迎來了一胖一瘦兩名外地訪客。

在小鎮路口，住著一個老人。他與兩個外地訪客攀談起來。

老人問胖訪客：「你從哪裡來？」

胖訪客說：「我從前面那個小鎮來。」老人繼續問：「前面那個小鎮怎麼樣？」

胖訪客說：「非常不錯，鎮上的人聰明善良，對人非常友好。對了，這個鎮怎麼樣？」

老人說：「這個小鎮上的人也同樣很好，你一定會很滿意。」過了一會兒，瘦訪客也走到了老人身邊。

老人問瘦訪客：「你從哪裡來？」

瘦訪客說：「我從前面那個小鎮來。」老人問：「前面那個小鎮怎麼樣？」

瘦訪客說：「非常糟糕，鎮上的人自私惡毒，說話做事都讓人討厭。對了，這個鎮怎麼樣？」

老人說：「這個小鎮跟上個差不多，估計同樣會讓你覺得糟糕透頂。」

同樣的環境，不同的人會有不同的看法，可見環境的好壞取決於自己的心態，心態決定了行動。如果一個人心裡充滿抱怨，那麼他就會看到一個處處糟糕的世界。如果一個人能夠正面看世界，心裡充滿積極的情緒，那麼世界就會充滿希望和光明。

在《列子・說符》中，有這樣一個故事：

有個叫爰旌目的人，在路途中餓得暈倒了。這時，狐父境內有個叫丘的盜賊救了他，餵他飲食。等他睜開眼睛，問救自己的人是做什麼的。狐父丘如實地將自己的身份告訴了他。爰旌目十分生氣，他咬牙切齒道：「你是強盜，為什麼要拿飯給我吃呢？」於是趴在地上嘔吐，雙手使勁摳自己的喉嚨。最後，這個人被活活餓死了。

關於這個人，列子做了一番到位的總結：狐父境內是有強盜，但你吃的東西不是強盜啊。因為有人做了強盜，就認為自己吃的東西也是「強盜」，因而不敢吃東西，這就是錯誤地對待名稱和實質。用現在眼光來看，這個人太過迂腐，他的迂腐來源於他的觀念。他心中的善惡觀念過於執拗，從而導致偏執的行為，最終餓死。

做事之前，調整好自己的心態是很重要的。在生活中，常常聽到別人說「這個人看得很開」之類的話。看得開，就是心態調節得好。保持良好的心態，我們才可以做到從容閒適、靜悟達觀，即使遇到危急之事，也能隨機應變，果決而有魄力。

《菜根譚》中說：「意廣者，斗室寬若兩間。」意思就是，只要心胸曠達，即使是一間小小的房子，也猶如天地般那麼寬廣。對於這個道理，東晉陶淵明在《飲酒》詩中寫道：

結廬在人境，而無車馬喧。問君何能爾？心遠地自偏。採菊東籬下，悠然見南山。山氣日夕佳，飛鳥相與還。此中有真意，欲辨已忘言。

這首詩的意思是什麼呢？在這裡，我為大家翻譯一下：我的茅廬建造在人聲喧鬧的環境，但卻不會受到車馬喧囂的影響。有人問我為什麼能做到這樣，我的回答是：只要心胸曠達悠遠，那麼就算住在再喧鬧的環境裡，也自然會感覺猶如住在偏僻幽靜的地方。我在東邊籬笆牆下採下一朵菊花，不禁心曠神怡，悠然地抬頭望去，一座優美的南山出現在我的面前。山裡的風景黃昏時分最美，那個時候飛鳥結伴返回。此情此景蘊含著人生的真意，我想與你說得清楚明白，但張口之際，已經忘記了想說的話。

其中，「心遠地自偏」這句寫出了一個人內心的意念，讓我們明白，遠方的風景不在遙遠的大山深處，而在我們內心的意念之中。中國古人早有說法：「小隱隱於野，中隱隱於市，大隱隱於朝。」意思就是，隱居在山野中的人只是小隱士；中隱指即使隱居在鬧市裡，也能對喧鬧嘈雜不聞不見，心境寧靜；最大的隱士則隱身於朝堂之上，他們能讓自己的思緒翩飛於遙遠的天空，大智若愚、淡然處之。

心如天空，情緒與天氣同樣多變

原文

心體便是天體，一念之喜，景星慶雲；一念之怒，震雷暴雨；一念之慈，和風甘露；一念之嚴，烈日秋霜。何者少得？只要隨起隨滅，廓然無礙，便與太虛同體。

譯文

很多時候，人的心理與自然天氣存在相似之處。人在一念之間的喜悅，就如同自然界有景星（即紫氣星）慶雲（即五色雲）的祥瑞之氣；人在一念之間的憤怒，如同自然界有雷電風雨的暴戾之氣；人在一念之間的慈悲，就如同自然界有和風甘露的生發之氣；人在一念之間的冷酷，就如同自然界有烈日秋霜的肅殺之氣。人有喜怒哀樂的情緒，天有風霜雨露的變化，哪一樣少得了呢？情感興起後又消失，心體如同生生不息的廣大宇宙一樣毫無阻礙。人如果也能修煉到這種境界，就可以和天地同心同體了。

心體猶如天體，人的情緒就像自然界的天氣變化，喜怒哀樂、慈愛嚴厲，皆有對應的天氣特徵。普通人遇到困頓坎坷，往往會變得情緒低落，對任何事情都無精打采，甚至與人交往也變得冷淡。

然而，有一些人，在困難和挫折面前，始終微笑面對，即使笑容背後隱藏著辛酸和苦痛。最終，他們能夠在逆境中堅強地生存下來。歸根結底，他們做到了「隨起隨滅，廓然無礙，與太虛同體」。無論什麼樣的天氣變化和情緒波動，都不能成為我們的障礙。心胸開闊如天空，任雲卷雲舒。

讀過名著《飄》的讀者，應該對小說中兩位男主角——白瑞德和衛希禮記憶深刻。這兩個男人在美國南北戰爭結束以後，所作出的舉動迴然相異。白瑞德在巨大的災難面前，瞅準了發財機遇，開始倒賣物資，輕而易舉地成了百萬富翁。而衛希禮在經歷這場巨變之後，整個人的精神隨著戰爭的結束而萎靡不振，原來的貴族氣質完全不復存在，開始變得頹廢懦弱，渾渾噩噩，最後還不得不接受小說女主角斯郝思嘉的救濟。

白瑞德在亂世中生存下來，並且生活得很好，而衛希禮卻淪為戰爭的砲灰。雖然他並沒有在戰爭中死去，但已經是行屍走肉了，他積極奮進的精神已被完全摧毀。兩個人為什麼會呈現兩種截然不同的結果？說到底，還是由於這兩人在戰爭的衝擊下，有著兩種截然相反的心態。白瑞德愈挫愈勇，衛希禮則意志消磨，致使其永遠活在過去。

在工作和生活中，我們自身的心態和情緒相當重要。如果你的心情愉快，看到什麼都會覺得很舒服；如果心情抑鬱哀愁，就會被自身情緒所感染，即便是再美麗的風景，再美好的事物，也都會覺得厭煩無聊。如果某個人總為一些雞毛蒜皮的小事生氣，對什麼都看不慣，工作和生活也會很糟糕；如果一個人積極樂觀、心懷慈悲，以一種博愛的精神待人接物，每天的生活一定會過得很愉快。

可見，一個人情緒的好壞，對工作和生活的影響很大。所以，我們在生活中應該努力控制自己的情緒，向積極健康的方向引導情緒，讓自己趨利避害。下面是控制情緒的幾種方法，在生活中可以靈活運用。

一、主題轉移法。當情緒失控的時候，我們不要總盯著讓自己情緒變化的事情，而要會轉移話題和注意力。例如閱讀、聽音樂、運動、看電影或者旅遊等。

二、情緒宣洩法。情緒總是積累在心裡，對身心健康有害。這種時候，不妨找知心朋友或可以說心裡話的親人訴說一番，或者乾脆大哭一場；也可以盡情跑步或健身，揮灑汗水，宣洩內心的痛苦和煩惱，讓情緒舒緩下來。

三、環境更換法。有時候，當我們置身於讓情緒波動的環境中，總是看到讓自己情緒不佳的人和事，自然很難得到放鬆。這時候，我們可以換一個全新的環境，遠離讓自己敏感的人和事，由此更換一種全新的心境。

四、自我暗示法。情緒就像天空一樣烏雲密佈，這時不能再去想任何讓自己不快樂的事情，要多想一些積極向上的事情，暗示自己未來的日子有希望。回顧自己的目標和規劃，不要總是糾纏於雞毛蒜皮的小事。

五、言語克制法。在情緒失控之際，我們可以默念幾句，警告自己：「克制！克制！」「不要糊塗！」「多想想後果！」「戰勝自己！」也可以在案頭放上一些座右銘，例如「淡定」、「冷靜」、「制怒」等。

六、精神昇華法。當情緒壓抑、心情煩躁之際，不要衝動，不要與人發生摩擦，將這種壓抑的力量昇華為人生的動力。不妨全神貫注投身到自己感興趣的事情上，提升自己的能力。人變得越強，路越好走。

情緒像天氣一樣多變，人生也像天氣一樣無常。當我們身處人生的逆境，不要傷心，不要憂慮，總有一天陰霾會過去。快樂的時候，我們也不要過於高興，可能眨眼之間烏雲就會遍佈整個天空。不管遇到什麼情況，我們都應該以平常心對待。總之，無論天氣如何變化，不管明天是晴是陰，都不要忘記帶上生命的陽光。

內心清淨，喧囂塵世也會變為聖潔之地

原文

纏脱只在自心，心了則屠肆糟廛，居然淨土。不然，縱一琴一鶴，一花一卉，嗜好雖清，魔障終在。語云：「能休塵境為真境，未了僧家是俗家。」信夫！

譯文

活在世上，感到纏縛還是超脫，關鍵還在於自己的內心。心地清淨，即使是屠夫的肉舖或彌漫酒糟味的酒店也會變成淨土。不然，縱然彈琴養鶴，蒔花弄草，嗜好情趣雖然高雅，困擾終究還在。俗話說：「如果能斬斷俗念，在塵世如同身處仙境，沒能了卻塵俗，即使出家當和尚也終究是個俗人。」確實如此。

有人看到某些人和事對自己有好處時，就會想方設法去交往和接觸，不能帶來利益的，便置之不理。如果身邊都是這樣的人，內心怎能得到清淨呢？其實，清淨源於自己的內心，不必從外界尋找。很多人向外界尋求靜心的境界，直至最後才大徹大悟：清淨

不在遙遠的別處，而是深鎖在自己的內心深處。

在我們的心裡，喜歡過的還是那種恬淡閒適、無拘無束的自由生活。正如《菜根譚》中說：「神酣布被窩中，得天地冲和之氣；味足藜羹飯後，識人生淡泊之真。」意思就是，入神酣睡於粗布被褥中的人，才能得到天地之間的和諧之氣；能夠香甜地吃著粗茶淡飯的人，才能真正地體味淡泊人生的真意。然而，很多時候偏偏事與願違，身處時代旋渦，往往身不由己，我們很難做到真正的淡泊從容。焦慮和煩惱如影隨形，心靈被紛擾纏繞。

「淡泊明志，寧靜致遠」這八個字，對於每個人來說，不是輕易就能做到的。我們只有放下塵世間功名利祿的牽絆，內心才會達到真正的純粹和專注，才能致力於自己的理想和美好的人生。但人們的欲望無時不在心中作祟，隨之帶來的煩惱也紛至遝來。正如印度詩人泰戈爾說：「鳥兒翅膀上一旦繫上黃金，牠就再也飛不起來了。」

以從容的心態面對名利，就會多幾分豁達和灑脫，就會更能致力於自己的目標。我們都知道著名的國學大師錢鍾書，一向都淡泊名利。置身於這個喧囂的世界裡，不管面對多大的誘惑，他都能自覺地保持內心的清淨。

二十世紀九〇年代，錢鍾書聲名遠播。電視公司準備拍攝一部叫《中國當代名人錄》

的紀錄片，如果他同意拍攝，電視公司將以重金酬謝。誰知錢鍾書卻淡然一笑，委婉地拒絕了，他說：「我都姓了一輩子的『錢』了，你說還會稀罕這玩意兒嗎？」

有一年，英國一家出版社得知錢鍾書有一本寫滿批語的英文大辭典，於是派了兩個人前來洽談簽約，誰知錢鍾書果斷拒絕，只說了兩個字：「不賣！」還有一次，有人宣稱，如果諾貝爾文學獎要頒給中國作家，那麼只有錢鍾書才配得上。聽了這話，錢鍾書幽默地回應道：蕭伯納說過，諾貝爾設立文學獎比自己發明炸藥對人類的危害更大。透過這句話，他表明了自己對諾貝爾文學獎並不在意。

北大著名教授季羨林，由於其卓越的學識，被後人奉為國學大師、學界泰斗、國寶這三項桂冠。可以說，他完全當之無愧。然而他非常討厭這三個桂冠，曾三次辭掉桂冠。他在《病榻雜記》中寫道：「三頂桂冠一摘，還了我一個自由自在身。身上的泡沫洗掉了，露出了真面目，皆大歡喜。」季羨林謙虛低調，崇尚踏踏實實做學問，對泡沫一樣的虛名特別反感。

名利雙收的事情，很多人夢寐以求，但錢鍾書和季羨林卻對送到身邊的名利加以拒絕。他們的行為，看似頑固不化，實際上是另一種境界。他們深深知道，名利雖好，但也有副作用，那就是會讓你迷失自我，失去對自我人生終極理想的堅持。如果一個人想更好地專注於宏大目標，就應該從本質上看透名利。

關於名利，道家代表人物莊子說：「名也者，相軋也；知也者，爭之器也。」意思就是說，名利是人類相互傾軋的根源；知識謀略是人類爭名奪利的工具。如果各位細心觀察，就會發現很多事物背後其實都有名利在左右。

或許當漫長的時光磨損我們的戾氣之後，我們才會回歸清淨。在經歷許多艱難坎坷之後，我們會發現抱怨和眼淚不會讓世界停止轉動，生活還要繼續，但時間一久，就會認識到日常生活的真意。沒有人永遠處於巔峰狀態，平平淡淡才是真。

正如有首詩所寫：「竹林風起一如濤／聲聲渺渺／琴音錚錚蕭聲遼遼／塵土之外浮名拋／暗裡只覺芳華俏／且自逍遙……」在喧囂塵世之中，我們要學習修煉自我，徹悟人生快樂的真諦，從而在內心深處獲得屬於自己的那份清淨。

一個人的心胸有多大，世界就會有多大

原文

心曠則萬鍾如瓦缶，心隘則一髮似車輪。

譯文

一個人心胸開闊，就能把萬鍾那麼多的俸祿看作瓦罐一樣；心胸狹隘就會把一根頭髮看得比車輪還要重大。

一個人的心胸有多大，世界就會有多大。心胸曠達之人，做什麼都能如魚得水，天地寬廣；斤斤計較之人，即便只經營一畝三分地，也會因唯利是圖而困擾。

關於心胸和格局，曾有這樣一個故事。子貢問孔子：「在歷史上，誰才算得上國家棟樑？」孔子就對他說了兩個人，一個是齊國的鮑叔牙，另一個則是鄭國大臣子皮。這兩個人都以善於推薦人才而著稱於世，他們的治國本領卻並非多麼卓越出眾。

子貢進一步問：「照您這麼說，會推薦人才的人，反而比擁有真正才能的人更加偉大了？」

孔子答道：「具有知人善任的眼光，這是一種智慧；向君主大力推薦人才，這是一種仁愛；不妒賢嫉能，這是一種難得的義氣。此三者都具備了，怎麼能不稱得上偉大呢？」

齊桓公聽到鮑叔牙推薦管仲之後，對管仲大加重用，將他任命為相國，最終成就「九合諸侯」的霸業；鄭國因子皮推薦子產，重用子產擔任相國，以至於夜不閉戶、路不拾遺，吏治清明、國泰民安。如果不是心胸曠達之人，豈肯將如此大好的機會拱手讓給別人？

北宋時期，有一個姓呂的官員，他有四個兒子，個個寵愛有加。一天，他跟妻子說：「咱們兒子都很優秀，但長大後哪個會更有出息呢？」夫妻二人商量後，決定考驗他們一番。

當四個兒子在院中玩耍時，呂大人特別安排一個女僕，手裡拿著一件名貴的玉器，假裝不小心失手將玉器墜落於地，一下子摔得粉碎。四個兒子都看到了，其中三個孩子驚訝得大喊大叫，一邊罵著僕人，一邊慌忙跑到房間裡報告父母。唯有排行第二的兒子面不改色，依舊從容地忙著手中的事，好像玉器碎了跟自己沒有什麼關係。

得知情況後，呂大人問老二：「難道你不心疼嗎？」老二淡淡地說：「反正已經碎了，再急也沒用。不如靜下心來，繼續做完手中的事。」呂大人非常高興，對妻子說：「這個孩子不簡單，將來必能成就一番功業！」果不其然，老二後來在仕途上一路亨通，官至一品。

心胸曠達，寬以待人，這是一種為人處世的大智慧。有雄心抱負的人，必須要有容人的度量，不應計較眼前一時得失，對於個人榮辱也當平淡視之。一個人只有心胸曠達，才不會為雞毛蒜皮之事斤斤計較。當我們面臨困難和坎坷，如果心胸曠達，萬事不縈於心，自然不會亂了思緒，有利於冷靜下來，尋求正確的解決方法。

那麼，如何才能做到心胸曠達呢？《菜根譚》給出了忠告：「不責人小過，不發人陰私，不念人舊惡。三者可以養德，亦可以遠害。」就是說，小過錯不要責備，網開一面；

別人的隱私不要到處宣揚，別人不小心得罪自己的地方，如果不是原則問題，那就忘了吧。

除此之外，《菜根譚》也給出了讓心胸曠達豪邁的策略，具體是這麼說的：「登高使人心曠，臨流使人意遠；讀書於雨雪之夜，使人神清；舒嘯於丘皐之巔，使人興邁。」飽覽名山大川，飽讀詩書典籍，同時在高山之巔仰天長嘯，抒發豪邁的性情。如此一來，人的性格就會逐漸開朗豁達起來，人生也會呈現一個新氣象。

從另一方面來說，心胸闊達是一種大格局的體現。國學大師錢穆有過這樣一次見聞，讓人印象深刻。

一天，錢穆走進一座古老的寺廟，風景幽幽，令人流連忘返。他看到一株蒼勁的古松，樹身粗壯有力，朝青天盤旋而上，鬱鬱蔥蔥。他看了一眼樹上掛的牌子，原來這是五百年前的僧人種下的。正在這時，有個小和尚手提水桶走過來，他要在古松旁邊栽種夾竹桃。錢穆看到後，不由得一陣感歎，說：「從前的僧人種松樹，心裡想的是百年後的發展；今天的僧人卻種夾竹桃，眼光只看到了明年啊！」

這個故事告訴我們，人如果眼光短淺，很容易就會將自我囚禁在眼前的方寸之地。擴大自己的認知思維，把眼光放長遠，胸襟自然開闊起來。

清代名臣曾國藩說：「謀大事者，首重格局。」做人就像下棋，如果總是優柔寡斷，畏畏縮縮，眼睛只盯著一米遠，怎可能有大的突破和發展？所謂「坐擁雲起處，心容大江流」，不畏艱險，笑看風雲，如此才能一步步走向廣闊的天地。

成事密碼——心既要虛又要實

原文

心不可不虛，虛則義理來居；心不可不實，實則物欲不入。

譯文

心不可不虛，只有虛才能容納學問和真理；心又不可不實，因為只有實，才能抵禦外界物欲的入侵。

如果各位注意觀察，會發現這樣的情況：越是德高望重之人，越是謙卑有禮，虛懷若谷；越是德淺才疏之人，越是自以為是。為什麼會這樣呢？孔子說：「君子泰而不驕，小人驕而不泰。」意思是說，君子胸懷大志，意志堅定，泰然自若，但卻絕不傲慢放肆，身上沒有絲毫驕矜之氣；而小人則驕縱自我，做不到泰然自若。

一個人只有求知若虛，才能進步。孔子身為一代聖賢，學問不可謂不淵博，可他卻說：「三人行，必有我師焉。」他走進魯國太廟，東看西瞧，對每件事都要問一問。有人說：「誰說孔子知道禮呢？他到了太廟，什麼都不懂，什麼都要問。」孔子聽到這話後說：「不懂就問，這就是禮啊！」心中保持空虛無知的狀態，隨時學習新鮮知識。

關於這一點，蘋果教父賈伯斯也有類似觀點，他在史丹福大學演講中說：「求知若饑，虛心若愚。我總是以此勉勵自己。當你們畢業，展開新生活，我也以此期許你們。」只有不自滿，才有容納萬物的可能。

那麼，求知若虛是什麼狀態呢？《莊子・秋水篇》中說：「天下之水，莫大於海，萬川歸之，不知何時止而不盈。」萬川歸海，而大海卻並不滿足，仍然是一副空虛的模樣，他說：「吾在天地之間，猶小石小木之在大山也。」大海與天地宇宙相比，就像小石小樹與大山的區別。這種海納百川的胸襟和氣魄，自知之明的睿智，令人欽服。大海對於自己的能力毫不自滿驕傲。

在同一記載中，莊子還塑造過一個「河伯」的形象：秋天降水的季節來臨了，眾多山川的水流匯入黃河，河伯欣然自喜，以為「天下之美都在自己這裡了」。但當它慢慢向東流去，看見一望無際的大海的時候，它忽然既羞且愧，自歎「吾長見笑於大方之家」。因此，這一則寓言也衍生出了兩個成語：一個是「望洋興嘆」，一個是「貽笑大方」。

欲成大事者，謙虛好學和意志堅實是基本品質。一個人首先學會放低姿態，才可以從外界獲得更多的學問和見識，眼界亦隨之開闊而明朗，志存高遠，意志堅定，擁有明確的奮鬥目標，才有接近成功的可能。

然而在現實中，有很多人缺乏敦厚踏實的精神。《菜根譚》中說：「欲做精金美玉的人品，定從烈火中鍛來；思立掀天揭地的事功，須向薄冰上履過。」意思就是，想擁有純金美玉一樣的人格品行，一定要從烈火中淬煉；想要幹一番驚天動地的事業，必須要從薄冰上踏過。

只有經歷過痛苦的煉獄，才能享受天堂般的美好。有的人之所以成功，是因為他們關注現實，實事求是，順應形勢，同時心中有著堅實的意志，在實踐中不斷地錘煉自己，絲毫不受外界干擾。內心不夠堅實者，往往就在烈火中焚為灰燼，踏碎薄冰溺水而亡。

根據《世說新語》記載：管寧和華歆同窗讀書，一天他們在園中鋤菜。突然，他們從土裡刨出一塊黃燦燦的金子。管寧視黃金與土石無異，依舊鋤菜；華歆則兩眼放光，撿起金子，端詳了很久，意識到自己起了貪念，過了片刻又把金子給扔了。

還有一次，他們二人同席就讀，有人乘著華麗的馬車從門口經過。管寧視而不見，依舊專心讀書，華歆卻拋下書本，出門觀看。透過這些事情，管寧認為華歆內心太浮躁，與自己不是志同道合的人，於是割蓆斷交。

兩個人的根本區別在哪裡呢？管寧虛心求學、意志堅定，不受外界物欲的干擾和左右，這是一種淡定的境界。而華歆卻心猿意馬，做事不踏實，沒有管寧的定力。

由此可見，一個人若想有成就，必須內心保持謙虛和寧靜，但意志又要堅實。只有謙虛和寧靜，才能感到自己的渺小，才能淡定從容，不斷提高自己的能力和修養；只有堅實的意志，才能激發自己奮發圖強，在挫折中愈挫愈勇、勇往直前。

Chapter

3

圓融而不圓滑，知世故而不世故

魯迅先生說：「人世間真是難處的地方，說一個人不通世故，固然不是好話，但說他深於世故，也不是好話。」因此，我們要努力修身養性，既懂人情世故，又能摒除圓滑塵俗之氣。

趨炎附勢的成功不長久

原文

趨炎附勢之禍，甚慘亦甚速；棲恬守逸之味，最淡亦最長。

譯文

攀附權貴的人，固然能夠得到一點好處，但因此招來的禍患，卻是最慘烈而又最迅速的；堅守恬淡安逸的生活，此中的滋味最平淡，也最悠長。

自古以來，世人難免追名拜金，仰望權勢。在這種心態下，有些人趨炎附勢，依靠權貴生存，但結果卻未必好。

在植物世界中，有一些藤本植物，喜歡纏繞在大樹身上，依靠它們的高度去接受陽光。看起來，這些植物增加了自己的高度，一時春風得意，要風得風，要雨得雨，但當它們寄生的大樹死亡或倒下的時候，它們也一併做了殉葬品。

反觀，大樹底下一株小小的蒲公英，長不了多高，卻能怡然自樂，在陽光下編織自己的花環。它們雖不鮮豔，但擁有的卻是自己的全部心血，結出無數的種子，隨風飄遠，讓生命在寬廣的時空裡延續，獨立而知足。

《菜根譚》的作者洪應明經歷過官場的爾虞我詐，早就看透了權力遊戲的本質。他曾說過：「袞冕行中，著一藜杖的山人，便增一段高風；漁樵路上，著一袞衣的朝士，轉添許多俗氣。固知濃不勝淡，俗不如雅也。」意思就是，那些穿著華麗官服、戴著高大冠冕的達官貴人中，如果其中出現一位手持拐杖隱居山林的隱士，便可增添幾分高雅的韻致；在漁人樵夫往來的路上，如果出現一位穿著華麗官服、戴著高大冠冕的達官顯貴，反而會顯得俗氣。由此可見，濃豔比不上清淡，庸俗比不上高雅。

趨炎附勢並不是長久之道，小成功可以，大成功則需要回歸內心的自然。在現實中，那些內心有原則有底線的人，有所為有所不為，在平淡中尋求人生的真意，自能避免無謂的牽連和煩惱。

北宋年間，黃河經常發生水災，有一個叫李垂的官員，出於造福百姓的目的，耗費了巨大心血寫了一本治理黃河的書，書名為《導河形勝書》。裡面有很多治理黃河的方略和建議，但由於宰相丁謂的阻攔，始終不能得到實施。李垂的理想得不到實現，當然很鬱悶，於是就有好心人勸他去拜訪丁謂，想辦法攀附他，這樣或許就能得到支持了。可李垂不但不去，反而上書抨擊他。結果可想而知，他很快就被貶出京城。

後來，宰相丁謂因作惡太多，被群臣彈劾，罷去相位，被一貶再貶。他的四個兒子、三個弟弟全都跟著遭殃。他的家也被查抄，賄賂的物品令人震驚。丁宰相下臺後，李垂很快回到京城。此時，又有好心人勸他去拜見新宰相。他依然堅持自己的一貫作風。也許有人會替他感到遺憾，一部治水規劃就這樣擱淺了。但人總得有一個原則去堅守，原宰相丁謂尚且不去拜訪，何況新宰相呢？從長遠的時空來看，他的作品最終還是得到了後人的認可，名傳後世，被人敬仰。

貧或富，貴或賤，對人來說都不是最重要的問題，而且貧賤富貴也都是暫時的。重要的是我們有沒有一個完善和獨立的人格。

關於人世間的趨炎附勢，《菜根譚》中還有一句話是這麼說的：「棲守道德者，寂寞一時；依阿權勢者，淒涼萬古。達人觀物外之物，思身後之身，寧受一時之寂寞，毋取萬古之淒涼。」一個堅守道德準則的人，或許人生會寂寞一時，但會活出真正的自己；

一個依附權勢的人，或許會一時得逞，但卻有可能淒涼萬古。通達人生奧妙的人，能夠看透事物背後的真相，追求本質的東西，更會思考到死後的長久名譽，寧可堅守道德而忍受一時的寂寞。

知世故而不世故，玩物而不喪志

原文

徜徉於山林泉石之間，而塵心漸息；意遊於詩書圖畫之內，而俗氣潛消。故君子雖不玩物喪志，亦常借境調心。

譯文

人如果經常漫步在山川林泉岩石之間，由於受到美好風光的影響，就能使內心的俗念逐漸消失；人如果能經常神遊在詩詞書畫的雅境之間，就會由於美好高雅氣氛的薰陶，而不知不覺使身上庸俗的氣質消失。所以，一個有才德修養的人，雖然不會因沉迷山水和詩書圖畫中而喪失本來志向，但也同樣需要借助這些外在的意境來調節、涵養自己的身心。

做人很重要，需要我們每個人學習和領悟，但懂世故並不意味著要讓自己變得庸俗。

真正深諳人情世故的高手，懂世故而不世故，既能和光同塵，又能保持高雅的心境和品味。

俗話說：「近朱者赤，近墨者黑。」一個人的氣質修養、生活情趣與其接觸的環境有很大關係。當一個人暢遊山水、沉浸在藝術天地的時候，就會達到一種物我兩忘的境界。當一個人徜徉在山水和詩書之間，精神就會感到淡定、舒服。借助這樣的雅境來調理身心，庸俗氣質自會淡褪，談吐見解也必將不同凡響。史學巨著《資治通鑒》裡有一則「孫權勸學」的故事：

三國時期，東吳大將呂蒙很會帶兵打仗，深受孫權器重。但是有一點孫權很不喜歡，就是他不喜歡讀書，文化底子比較薄弱。對此，孫權經常勸說：「你現在掌管軍政要務，應該多讀點書。」呂蒙以軍中公務繁忙為藉口搪塞，孫權就苦口婆心地再次勸說：「我難道是要你做專攻翰墨的文學博士嗎？只不過讓你多讀一些書，從書中瞭解一下歷史罷了。每次勸你讀書，你都說自己公務繁忙，難道你忙得過我？我這麼忙還常常讀書，自己感覺到學問、見識和修養都大有進益。」

自此以後，呂蒙聽從孫權的勸說，痛下決心，每天堅持讀書。後來同事魯肅途經潯陽，與呂蒙一席交談，呂蒙竟然學識淵博，跟往日完全不同，不由得大吃一驚道：

「士別三日，當刮目相看，您現在的才識學問，再也不是當年那個阿蒙了啊！」

這就是人們後來常說的「士別三日，當刮目相看」典故的來源。由此可見，一個人的氣質內涵，一方面是天生的，另一方面則是後天修煉的結果。

如果想做一個懂世故但不庸俗的人，就要學會融入自然，讓身心愉悅，塵慮盡消，以此達到心靈上的虛靜、安適。

魯迅先生說：「人世間真是難處的地方，說一個人不通世故，固然不是好話，但說他深於世故，也不是好話。」我們應該怎麼辦？一方面要學習人情世故，另一方面又要去除人情世故所帶來的圓滑塵俗之氣，做一個情趣高雅的人，不斷地涵養身心。久而久之，我們的言談舉止自會散發高雅氣度，必將給人一種舒服和親切的感覺，從而在為人處世上圓轉自如。

哀歎世態炎涼，不如去除心中冰炭

原文

天運之寒暑易避，人世之炎涼難除；人世之炎涼易除，吾心之冰炭難去。去得此中之冰炭，則滿腔和氣，自隨地有春風矣。

譯文

大自然的寒冬和炎夏容易躲避，人世間的世態炎涼卻難以去除；人世間的炎涼容易化解，積存在我們內心的冰雪和炭火卻難以去除。如能去除心中的冰炭，那我們待人就會滿腔和氣，自然到處都是溫暖的春風了。

有些人會哀歎「世態炎涼」，認為這個世上都是勢利之人，這話雖然有幾分道理，但我們卻不能抱著這樣的眼光看世界。事實上，世上最難化解的就是人心，真正的炎涼不在外界，正在自己的心中。所以《菜根譚》認為，欲得「滿腔和氣，隨地春風」，則「當淨其心」，去除心中的冰炭。心不淨，外在的行為再怎麼粉飾，也是不長久的。說白了，待人接物，我們做到心態平和，心門自然打開。不記私仇，自然就能和氣於內，春風於外，就能與人真正友好地相處。

一個人心中沒有冰炭，不走極端，自然比較能夠客觀理性地看待人和事。在歷史上，這樣的人物屢見不鮮：

大唐皇帝李世民所開創的「貞觀之治」，在一定程度上，就是客觀理性接納魏徵的結果。魏徵是什麼人呢？讀過歷史的人都知道，他一開始就與李世民不和，早年投奔瓦崗軍，兵敗後歸唐；後被竇建德俘虜，又投降竇建德；竇建德兵敗後，他又重新歸唐，成為太子李建成的近臣，還不止一次勸說李建成趕緊殺掉李世民，以免留下後患。

這樣一個人，按說該是李世民的大仇人了吧？然而，李建成死後，李世民就是不殺魏徵，不但不殺，還委以重任，讓他替自己管理國家，出謀劃策。並且，魏徵屢次進諫，指出李世民在施政上的錯誤，說話刻薄，從不留情面，李世民也是對他始終寬恕，不以為過，反而把他當作了自己的一面鏡子，時刻審查、糾正自己的言行。

出現這樣的君臣佳話，正是李世民內心寬厚平和的結果。他真正去除了內心的冰炭，不激動如炭火，也不沮喪如冰雪，從不在兩個極端搖擺，而是中正平和地為人處世、治國理政。如果他心中充滿冰炭，魏徵就算有一百顆腦袋，也不夠砍的。但李世民不同，他生氣歸生氣，生完氣，最終都能原諒魏徵，沒有給予教訓和懲罰。

一個人要想做到「滿腔和氣」，做人方面就要豁達大度、胸懷寬闊，不要因偏見影響公義，不要戴著有色眼鏡看人。

清代有個李知縣，堪稱小器中的極品。他做人做事有個八字原則：「吃我吐我，私我還我。」就是說，吃了我的，一定得給我吐出來；私下得罪過我的，我也一定會原樣奉還。人們因此戲稱他為「李八字」。

李八字斷案的時候，經常向受害人索取賄賂，並且按賄賂多少來判案。給錢少的，就少給些公平，給錢多的，便多給些傾向。至於不給錢的，那可就倒了楣，他非得想方設法冤枉對方不可，還口出狂言，說：「有我姓李的在此，豈有你們翻身之日？」不但斷案如此，他對待下屬的師爺和幹吏，也是性情暴戾、睚眥必報。所以，沒人願在他手下當差，光是師爺，兩年內就跑了仨。

做人到了這個份上，離報應也就不遠了。許多人都去告狀，還有人告到京城。終於有一天，他的後台在朝堂失了勢，李八字跟著受到清算，被裝進牢車，沒幾個月就掉了腦袋。

人生就是這樣，三十年河東三十年河西。自己得勢的時候不要張狂，事情不要做絕，要給自己留下餘地，因為誰也不知道未來的發展形勢怎麼樣。那麼，我們如何看待人與人之間的關係呢？司馬遷在《史記．汲鄭列傳》中寫道：「一死一生，乃知交情，一貧一富，乃知交態，一貴一賤，交情乃見。」經歷過生死、貧富、貴賤，方能看清誰才是真正的朋友。

關於人與人之間的交情，作家賈平凹曾這樣寫道：

朋友是磁石吸來的鐵片兒、釘子、螺絲帽和小別針，只要願意，從俗世上的任何塵土裡都能吸來。現在，街上的小青年有江湖意氣，喜歡把朋友的關係叫「鐵哥們」，第一次聽到這麼說，以為是鐵焊了那種牢不可破，但一想，磁石吸的就是關於鐵的東西呀。這些東西，有的用力甩甩就掉了，有的怎麼也甩不掉，可你沒了磁性它們就全沒有嘍！

除此以外，一個人做到內心寬容，自然就能贏得別人的敬佩和尊重。做到寬容、中正、平和，人的性情就越不會偏執，就越有回轉的餘地，於是就不會動肝火，不會糾結於無謂的小事。寬容和氣者有路走，狹隘固執者處處碰壁。因此，一個內心中正平和的人，從來不會讓自己走投無路，而是到處都可以契機應緣、和諧圓滿。這樣的人，不管遇到什麼事，都能從容化解，笑著面對人生，如同置身於明媚的春光之中。

如何看待成功和失敗——初心和末路

原文

事窮勢蹙之人，當原其初心；功成行滿之士，要觀其末路。

譯文

對於那些事業陷入困境的人，我們要探究他拼搏的初心；對於一個事業成功而感到萬事如意的人，要看他能否堅持下去，觀察他最後的結局如何。

在現實生活中，很多事情，人們做著做著，就忘了初心，迷失了最初的目標和理想。那麼，我們如何正確看待一個人是成功或失敗呢？《菜根譚》給出的答案是看他的初心怎麼樣。一個不忘初心的人，即便現在是正處於困境中，也不應受到過多的責備和嘲笑。只要「勿忘初心，牢記使命」，方法得當，找回當初的奮發精神，總是會有機會東山再起。

一個春風得意的成功者，雖然現在無往而不利，呼風喚雨，我們也不能急著豎大拇指去誇讚，而是要觀察一下，看他能不能好好保持下去、是否能夠堅持到最後。很多失敗者都曾經有過輝煌的過去，也都在做事時一度接近過終點，但還是倒在衝刺的路上，失敗在最後某個關鍵時刻。例如楚霸王項羽，剛開始滅秦的時候是如何勇猛，而最後在十面埋伏中霸王別姬，自刎烏江。所以，我們評價一個人，一是看初心，二是看末路。只有那些朝著初心前進並能畫上完美句號的人，才是真正了不起的成功者。

為人處世，我們應該把自己的選擇與初心結合起來，實現內在與外在的統一。不管遇到什麼情況，都不要中途改變方向，不要被暫時的挫折打敗。

人生在世，誰也無法預料成功與失敗。人們總是把耀眼的花環戴到成功者的頭上，失敗者卻面臨窮途末路，得不到理解。我們不應該以成敗論英雄，對失敗者來說，最要緊的事情，不是發洩情緒，而是要靜下心來，反思一下，還原自己的初心，審問一下自己，是否背離自己的本性，是否在不經意間改變了當初的目標和理想？

我們應當客觀冷靜地看待失敗者，不能對失敗者一竿子打倒，而是去想想這個人做事的初心是不是好的，然後再決定要如何看待對方。只要他的出發點是正確的，即便事情做錯了，也無非是方法問題，不需要過多苛責。一時的得失，並不能決定一個人一生的成敗，「蓋棺始能論定」。

人性就是如此，一個人做了一輩子壞事，晚年卻做了件好事，人們大都會記得他的好；一個人做了一輩子好事，晚年卻幹了件壞事，人們卻會記得他的壞，很少有人想起他的好。在真實世界中，這種情況屢見不鮮。歷史上的周處，年輕時蠻橫強悍，是當地一大禍害。後來改過自新，勵志好學，最終成為赫赫有名的大英雄。對我們來說，我們應該時刻提醒自己「勿忘初心，保全晚節」，這才是理性和正確的做法。

人生要擔得起，也要能放得下

原文

宇宙內事，要力擔當，又要善擺脫。不擔當，則無經世之事業；不擺脫，則無出世之襟期。

譯文

天下之事，既要盡力承擔並負起責任，又要善於擺脫牽絆。不能擔當責任，就無法建立安邦定國的事業；不能擺脫牽絆，就不能保持超脫世俗的襟懷。

在這個世界上，我們要有敢於承擔的勇氣。然而，我們也應當知道，在適當的時候，要敢於放下，擺脫人生的煩惱，果斷跳出局外。這叫擔得起，放得下。擔得起是責任，放得下是胸懷。不因膽怯而錯失良機，也不因過於在乎而斤斤計較、苦苦糾結。

從本質上講，成功或失敗，都將注定成為過眼雲煙，不過是我們生命中必須經歷的過程。有力氣的時候，就要勇於承擔，去盡情體驗。到該放下的時候，就要勇於擺脫，放手去休息。對於內心的需求來說，比成功和榮譽更重要的東西，就是淩駕於一切成敗禍福之上的淡定與安寧。

西漢名將衛青，是一位著名統帥，既有大無畏的擔當精神，又有放得下的寬廣胸懷。漢武帝登基初期，匈奴不斷侵犯邊疆，搶掠財物，殘害百姓。當國家需要優秀將帥挺身而出時，衛青毫不猶豫地擔起皇帝給予的重任，五次出征，均取得大捷，重創了匈奴。一時之間，風光無兩，他成為當時漢朝最重要的軍事統帥，登上了人生的頂峰。

然而，當皇帝開始重用另一位天才將領霍去病時，衛青沒有因為嫉妒而耿耿於懷，更沒有對權力癡迷而不肯讓位，而是果斷選擇放下手中的權力。在人生的黃金年齡，他選擇退隱在家。這一退就是十幾年，一直到自己去世，始終沒有發出半句怨言。正是由於這種高貴的品格，在他死後，得到葬在漢武帝陵寢邊的榮譽。

擔得起，放得下，衛青可謂當之無愧。但有些人就截然不同了，例如明朝開國功臣胡惟庸，他是一個幹實事的人，辦事能力很強，因此得到朱元璋的寵信。被聖上如此寵信，他漸漸變得驕橫而狂妄。身居丞相之位的他，位極人臣，總理國政，不思退，不思危，不但放不下，反而培植黨羽，冀圖殊死一搏，最終落了個身死族滅的結局。

有事的時候，我們勇敢承擔。事情過了，我們就要放下，不要把事情長久地放在心上。正如《菜根譚》中說：「風來疏竹，風過而竹不留聲；雁渡寒潭，雁去而潭不留影。故君子事來而心始現，事去而心隨空。」意思就是，當輕風吹過稀疏的竹林時，會發出沙沙的聲響，可是吹過之後，竹林又歸於寂靜，不再留有風的聲音；當大雁飛過寒冷的深潭時，身影會倒映在水潭上，但是大雁飛過之後，潭面不會留下雁影。所以，君子在事情來臨時才會顯出自己的能力，而事情結束後，他們的本性又復歸虛靜了。眷戀功名，積極進取，當然不算一種壞的品質，但入世再深，也不要忘了底線。有些事情，當不適合自己時，就應該及時放下；有些煩惱，應當及時斬斷，不要糾纏不放。

每個人都應量力而行。拿起應挑的重擔，放下虛榮、煩惱，輕裝上陣，收穫屬於自己的那份成就。

人生大智慧，不過六個字：擔得起，放得下。前者決定你能活得多輕鬆，後者決定你能走多遠。能進能退，有捨有得，擔得起又放得下，這才是為人處世的最高境界。擔得起是生存，放得下是生活；擔得起是能力，放得下是智慧。我們一生，不缺少擔得起的魄力和實力，同時也要有放得下的胸襟和氣度。

做人要收放自如

原文

白氏云：「不如放身心，冥然任天造。」晁氏云：「不如收身心，凝然歸寂定。」放者流為倡狂，收者入於枯寂。唯善操身心者，把柄在手，收放自如。

譯文

唐代詩人白居易的詩說：「不如放任自己的身心，恍惚地聽從上天的安排。」北宋詩人晁補之的詩說：「不如收斂自己的身心，安詳地歸於靜止不動。」這是兩種不同的觀點。放任往往使人狂妄自大，過度收斂又會使人陷入枯燥寂寞。只有善於把握自己身心的人，才能夠掌握事物規律，達到收放自如的境界。

人生應該怎麼活呢？是大膽狂放一些好，還是自律收斂一些好？有人說，放心大膽去做，不要有任何顧慮；又有人說，收斂自己才是智者的所為。我們應該怎麼做？建議是：大膽狂放不可取，過於謹慎也不可取，真正的做法是四個字：收放自如。

那麼，要怎麼做到收放自如？我們要善於掌控自己的內心，做人處世才能做到收放自如。人生不如意十有八九，既然生活在這個世界上，就免不了受到生活給我們帶來的種種困擾，因此這時就應該把握住自己的身心。我們要在放和收中間找到一個平衡點，從而駕馭自己桀驁不馴的身心。

西元前二〇二年，楚霸王項羽被韓信的軍隊團團圍在垓下，兵少糧絕，不論如何突圍，始終逃脫不出韓信的十面埋伏。到了第二天清晨，他終於突出漢營，然而身邊追隨的兵士僅剩二十六人，於是他率領這二十六人一直向南逃亡，來到了烏江。烏江亭口繫著一隻小船，亭長勸說項羽速速渡江，將來有機會東山再起。然而項羽卻道：「這是上天要滅亡我，不是我帶兵的罪過，渡江回去還有什麼用呢？」說罷，自刎於烏江岸邊。

項羽最後的人生結局，令很多人為之感歎不已。宋代著名詞人李清照曾在《夏日絕句》中寫道：「生當作人傑，死亦為鬼雄。至今思項羽，不肯過江東。」我們不禁會想，如果項羽過了烏江，那又將如何呢？歷史是否會因此而改寫？

不過，回想項羽的一生，的確犯了很多錯誤。走投無路之時，他尚不醒悟。當初在鴻門宴上他優柔寡斷，狠不下心，放不開手腳，不聽謀士范增之言，沒有將劉邦除去，導致養虎為患，釀成禍端。等有機會逃出生天、東山再起的時候，他卻又捨不得臉皮，一心要自刎。對於項羽的行為，司馬遷就曾評論他是大錯特錯。

關於收放自如，社會學家李銀河曾經說過這樣的觀點：人生最愜意的莫過於收放自如，無論是在人際關係上，還是社會活動上。在人際關係上的收放自如，是可以隨時隨意建立自己喜歡的關係，解脫不喜歡的關係，把不可解脫的關係變成良性迴圈的關係。有些人際關係是無法斷絕的，例如親情關係，其中最主要的是親子關係和兄弟姐妹關係。這些關係既有血緣的基礎，又有長期共同生活建立起來的親密聯繫。無法說斷就斷，所以唯有細心呵護，使之互動良好，成為一種親密無間相得益彰的關係。饋贈與回饋，付出與回報，良性迴圈，其樂融融。有些關係是可以斷絕的，例如友情。喜歡就交往，厭惡就不交往，不要讓自己陷入糾纏不清的狀態，雞肋的狀態（食之無味，棄之可惜）。當和則和，當斷則斷，這就是收放自如。

在社會活動中的收放自如，是可以隨時隨意做自己喜歡做的事，擺脫自己不喜歡做的事。人生最大的幸運就是知道哪些事是自己真正喜歡做的，哪些事是自己不喜歡做的。收放自如的境界，就是爭取到可以隨心所欲，自由自在做自己喜歡做的事的機會。

要到達收放自如的境地，有兩個前提：一是解決生存問題，可以衣食無虞，可以得溫飽；二是要有這個主觀自覺，願意過收放自如的生活，願意成為一個收放自如的人。

當和則和，當斷則斷，我們都要做到收放自如。這裡講得是放得開，敢於打開局面，但在險灘拐彎處，我們也要多加小心，才能避免翻車沉船的危險。不要腦熱衝動，也不要在冷嘲熱諷中迷失自我。不放任自流，但也不要畏畏縮縮，不敢迎接挑戰。我們要在遵循客觀規律的基礎上，讓自己做到當收則收，當放則放。

Chapter

4

喜怒不形於色
好惡不言於表

人生修煉到最高境界是什麼樣？《三國志．蜀書．先主傳》中給出了答案：「喜怒不形於色，好惡不言於表；悲歡不溢於面，生死不從於天。」要想人情練達，關鍵在修養身心，心如古井，不起波瀾。精明不如拙樸，鋒芒畢露不如和氣圓融。

個人喜好的誤區

原文

人情聽鶯啼則喜，聞蛙鳴則厭，見花則思培之，遇草則欲去之，俱是以形氣用事。若以性天視之，何者非自鳴其天機，非自暢其生意也？

譯文

人之常情，聽到黃鶯婉轉啼鳴就高興，聽到青蛙呱呱大叫就會討厭，看到花卉就想栽培，看到雜草就想剷除，這都是根據事物的外形氣質來主觀地決定好惡。但如果以自然本性來看待，哪一個動物不是隨其天性而鳴叫，哪一種草木不是隨其自然而生發呢？

有時候，我們在看待一個事物的時候，會因個人喜好而產生偏見，從而缺乏理性和客觀的判斷，得出錯誤的結論。

三國時期，西川劉璋帳下有位很有才幹的人：張松，字永年。張松知道劉璋實力太弱，自己滿腹經綸而無用武之地，經常夙夜歎息懷才不遇。

終於有一次，他得到了出使曹魏的機會。他有心投奔曹操，於是臨行之前偷偷將描繪西川地理形勢的地圖藏在身上，以作盡忠曹操的獻禮。

曹操素以知人善任著稱於世，可他也有主觀臆斷、意氣用事的時候。他見到張松「額钁頭尖，鼻偃齒露，身短不滿五尺」的模樣，便生出五分厭惡之心，加上張松言語頂撞，曹操大怒之下要將其斬首。幸虧楊修等人冒死進諫，張松這才挽回一條性命。

他鬱鬱返回西川的時候，途經荊州，被劉備厚待。張松被他禮賢下士的風度所折服，心懷感激之情，當下將地圖展示給劉備觀摩，並授以謀取西川之法。所以後來劉備盡取漢中之地，建立帝業，不得不說其中有張松的一份功勞。

縱使是曹操這樣的人也曾犯下錯誤，更何況我們普通人呢？試想一下，如果曹操對張松禮賢下士，那麼張松自然願意將西川地圖雙手奉上。以曹操的雄才偉略，又手握地圖，奪取漢中之地豈不易如反掌？如果這樣的話，三分天下的版圖可能就不會在歷史上出現了。這就是個人喜好的誤區。

在生活中，我們容易犯以個人的喜好看待他人的毛病。如果一個人總是以個人的喜好看待他人，忽視深入研究對方的性格和人品，那麼就可能會錯過可以幫自己改變命運的貴人。

在交友方面，我們更應該時刻謹慎。現實生活中，身邊一些「朋友」對我們甜言蜜語，但在真正需要他們的時候會遠遠躲開。相反，有些朋友平時寡言少語，甚至態度冷漠。然而，當我們遇到難處時，他們有可能會不遺餘力地幫助我們。

社會上有很多笑裡藏刀、口蜜腹劍的人，我們要冷靜觀察這樣的人是否忠誠可信，千萬不可過於武斷。

唐太宗曾經問魏徵一個問題：「人主何為而明，何為而暗？」魏徵回答：「兼聽則明，偏信則暗。」無論交友還是聽取他人建議，都要去除個人喜好。

在人際交往中，我們如何才能理性客觀地鑒別好朋友和壞朋友呢？《論語》中說：「益者三友，損者三友。友直，友諒，友多聞，益矣。友便辟，友善柔，友便佞，損矣。」意思就是說，益友有三種類型：正直、誠信、博識多聞；損友也有三種類型：諂媚逢迎、兩面三刀、花言巧語。

所以我們結交朋友時一定要理性而慎重。如果我們只任憑個人喜好而濫交朋友，最終難免為其所累。

有愛好可以，但不可過分貪戀

原文

山林是勝地，一營戀便成市朝；書畫是雅事，一貪癡便成商賈。蓋心無染著，欲境是仙都；心有繫戀，樂境成苦海矣。

譯文

山川林泉是風景秀麗的地方，但是一旦沉迷留戀，就會變成庸俗喧擾的鬧市。書法繪畫是一種高雅的趣味，可是一旦貪愛癡迷，就成了市儈商人。所以只要內心不受外物的侵染，即便是置身於物欲橫流之所，也如同身處仙鄉；如果內心有了過多的留戀，即便是處於樂土之中，也如同置身苦海之中。

任何美好的事物，一旦過分貪癡，就會喪失其原有的樂趣。很多高雅的興趣和愛好，一旦因為貪癡，就可能會變得市儈和低俗。例如深山老林，本來是賢人隱士逃避世俗的絕勝佳處，但人們紛紛湧入，就與熱鬧繁華的集市沒什麼區別了。

那麼，愛好和興趣到底應不應該變成職業呢？這真是一個矛盾。在興趣的帶動下，我們才能更好地學好一門學問，但為什麼興趣變成職業有時可能是一個錯誤呢？

例如我喜歡看電影，那麼我以後就可以做導演或編劇了；我喜歡唱歌，那麼就可以做一名歌手；我喜歡旅遊，那麼就可以徒步走天下；我喜歡吃，那麼以後可以做一名美食家……果真如此嗎？事實上，現實往往是殘酷的。

如果我們真的很喜歡某個事情，篤定要將這件事變成自己一生的職業，也未嘗不可。只是從一開始，要用冷靜的頭腦思考未來的職業生涯。我們要做好忍受一切枯燥、乏味、困難的準備，而且要將這種愛好變成自己獨一無二的能力。

愛好是愛好，職業是職業，我們所愛的未必是自己所擅長的，所以我們一定要讓自己清醒起來，不可陷入偏執和瘋狂。

關於這種極端的感情，《書劍恩仇錄》中有十六字忠告：「情深不壽，強極則辱。謙謙君子，溫潤如玉。」意思是說，兩個人之間的感情太深，往往不得善終。事物強大到極點往往會遭受侮辱。作為一個謙和的君子，應以玉的溫潤、內斂自省，待人和煦，舉止從容，給人如沐春風之感。

本來是一個很好的東西，如果過分投入，沉溺其中，就會導致一百八十度大轉變。

相信大家都熟悉《儒林外史》中「範進中舉」的故事。讀書人范進窮困潦倒，一連考了二十幾次，屢屢不中，直到五十四歲那年才僥倖中了舉人。聽聞喜訊之後，他居然昏倒在地，曾一度高興得發瘋了。過於刻意追求自己想得到的東西，到頭來再回顧自己失去的東西，很多人往往會發現得不償失。

因此，我們應當要懂得適可而止。與其拋開一切放手去追，不如不快不慢，不驕不躁，讓心靈保持一份平靜，經營好自己的生活。

聰明不如守拙，堅守自己的本性

原文

寧守渾噩而黜聰明，留些正氣還天地；寧謝紛華而甘淡泊，遺個清名在乾坤。

譯文

寧可保持純樸拙誠的本性而摒除機巧奸詐的小聰明，以便留一點浩然正氣還給天地；寧可拋棄紛擾的繁華而過著淡泊的生活，以便在人世間留下美名。

在這個世界上，人人都想追求物質上的滿足。但當面臨這些誘惑的時候，我們應該提醒自己，一定要堅守自己的本性，即使身逢複雜的環境，也要本著一種出淤泥而不染的態度應對各種挑戰，不迷失自己的本真。

在工作和生活中，我們心中需要有一股浩然正氣，這樣才不至於活得太累，從心靈上得到解脫和自由。關於正氣，《孟子》中有一段對話：

公孫丑問孟子道：「先生，您最擅長的是什麼呢？」孟子回答道：「我善於培養自己的浩然之氣。」

公孫丑又問：「什麼叫浩然之氣呢？」

孟子道：「這是一種氣，也是一股氣魄浩大的力量。如果你用正義來培養它，它就會充塞於天地之間。可是，它還須與道德相配合，否則就會缺乏力量。」

按照孟子的理論，在中國歷史上，蘇武便是一位胸懷浩然正氣之人。西元前一百年，蘇武奉命出使匈奴，不幸被匈奴扣留，不能重返漢朝。匈奴單于向他威逼利誘，許以高官厚祿，均被他斷然辭絕。匈奴單于無計可施，在惱羞成怒之下，將他流放北海。他在冰天雪地的苦寒之地，在缺吃少穿的惡劣環境中，整整度過十九個春秋。

然而，素來與蘇武交厚的李陵在被匈奴俘虜之後，早已投降變節。於是單于命李陵去北海勸降蘇武，在李陵的一番「曉以大義」之後，蘇武仍不改其志，並說：「我的家族世代受朝廷隆恩，如今正是我報答朝廷的時候，即使斧鉞加身，我也甘之如飴！」與李陵相比，蘇武的這份堅守，是否太過愚忠了？事實上，蘇武所堅守的是春秋大義，是一股浩然正氣。

為了實現欲望，我們需要成熟理智，需要夠深的城府，需要足夠的財富功名。而這些，恰恰是我們痛苦的根源。《道德經》中說：「五色令人目盲，五音令人耳聾。」唯有擺脫欲望的誘惑，我們才能審視自己，駕馭自己。

在成長過程中，我們一步步從簡單變得複雜，這是如何演變的？《菜根譚》中給出了答案：「涉世淺，點染亦淺；歷事深，機械亦深。故君子與其練達，不若樸魯；與其曲謹，不若疏狂。」一個剛踏入社會的人，閱歷和見識比較淺薄，沾染各種惡習的機會比較少；一個人踏入社會很多年，經歷的事情多了，心機就會隨之加深，不知不覺就成了老江湖了。但在人世間，過於精明不如保持拙樸的性格：與其事事小心委屈自己，倒不如豁達一些，保持一些純真的本性。即使很聰明，也要隱藏起來。

天地不可無和氣，人心不可無喜神

原文

疾風怒雨，禽鳥戚戚；霽日光風，草木欣欣。可見天地不可一日無和氣，人心不可一日無喜神。

譯文

狂風暴雨的天氣，即使飛鳥也會感到憂傷與哀戚；風和日麗的時候，即使草木也會欣欣向榮；由此可見，天地之間不可一日沒有祥和的天氣，而人的內心也不可一天沒有喜悅的精神。

一個人生存於世，需要親和力與樂觀精神。大多數人都不喜歡暴風驟雨的暴戾，而喜歡春暖花開的和暖。同樣道理，大家都比較喜歡笑口常開的人。

對於同一事物，不同的人會有不同的看法。一個人的看法如何，決定其人生的境界高低。

明末清初有位大才子名叫周清原，當時人們稱讚他「曠世逸才，胸懷慷慨，朗朗如百間屋」，這麼一位有才情的人，最後卻因恃才傲物而落個懷才不遇、窮困潦倒的下場，發出「願生生世世為目不識丁之人」的悲愴感歎。

周清原的人生境遇，自然是可悲可憐的，值得我們惋惜和同情。但對他而言，是否調整好了自己的心態？可曾捫心自問：自己是否恃才傲物，是否太過盛氣凌人？

天地不可一日無和氣，人心不可一日無喜神。和氣生財，只有保持和氣、笑口常開，人生才有可能順遂。

只是，人非聖賢，孰能無過？每個人都有七情六欲，喜怒哀樂源自人的本性，人的情緒像水一樣變化不定，心情豈能每天都快快樂樂？我們固然不能做到永遠開心快樂，但遇到煩心事的時候，可以採取什麼樣的方式來調整心態呢？

有個富翁在自家花園裡，種了一盆名貴的牡丹花。他特別喜歡，每天都要過去看一看聞一聞，然後心情愉悅地出門去。一天，家中兩個僕人在花園裡打鬧玩耍，一不小心把這盆牡丹花給撞倒了，只聽砰的一聲，盆破了，花瓣凋零一地。兩個僕人嚇壞了，不知如何是好。等主人回到家，二人撲通跪在地上，哭著請求饒恕。主人彎腰把僕人扶起來，笑著說：「你們不必擔心，我已經原諒你們了。要知道，我養花就是為了快樂而不是生氣啊，如果我因為花盆破了而生氣，豈不是跟養花的目的相違背了嗎？」

不管是大人物還是小人物，待人都要一團和氣，不要因為一點兒小事就火冒三丈。只要我們養成樂觀豁達的性格，以親切和善的容顏待人接物，讓自己的和氣感染更多人，讓與我們接觸的人們都感到快樂，就不愁沒有好人緣。

那麼，親和力是天生的嗎？有些人並不需要刻意做些什麼，只需要說兩句，就能讓眾人開心。而有些人一開口說話，原本熱鬧的氛圍立刻就冷場了。這是怎麼回事呢？的確，親和力有天生的成分，有些人的相貌和性格本身就帶著親和力，富有天然的感染力，而有些人則讓人望而生畏、退避三舍。儘管如此，我們仍然可以透過後天的方式來提升自己的親和力。例如：

一、面帶和氣，笑口常開。我們看看《紅樓夢》中是如何描寫王熙鳳的，就知道一個人展示親和力的時候什麼樣子。書中有句詩寫道：「粉面含春威不露，丹唇未啟笑先聞。」意思就是說，粉白的臉上帶著春天的和氣，威嚴收斂著不直接顯露。嘴唇還沒開啟，但笑聲已經傳到別人的耳邊。臉上帶著和氣，笑聲不斷，跟這樣的人溝通交流，簡直是一種享受。

二、口有讚美，手有禮物。人人都喜歡聽讚美的話，所以與別人交談時要多說讚美之詞，讓讚美成為一種習慣。即使別人有什麼不對的地方，也要盡可能委婉地勸說。而且要經常給別人贈送一些小禮物，讓對方感到受重視。

三、適當示弱，更接地氣。如果我們把自己包裝得高高在上，那麼別人或許會覺得我們威嚴，或許會敬畏，但很難覺得有親和力。如果我們能適當地示弱，顯露一些無關緊要的缺點，反而會讓對方覺得我們是個真實、有人情味的人。

天地有和氣，心中有喜神，無論走到哪裡，都會把春風帶到哪裡。如果想與對方建立心與心互動互通的關係，那麼請善待身邊的每一個人，彼此相處得和諧與美好。

圓融和執拗，哪種性格福運長

原文

建功立業者，多虛圓之士；僨事失機者，必執拗之人。

譯文

自古以來，能夠建立宏大功業的人，大多虛心圓融且隨機應變；而那些容易失敗、抓不住機會的人，性格必定固執倔強，不懂得靈活變通。

俗話說，性格決定命運。人的命運是因為自己的傾向、性格和愛好，一路走出來的。自古以來，那些能有一番成就的人，在為人處世方面大都圓融謙和、機敏靈活。而失敗者，大部分人都是不懂變通，性情固執。

例如，東漢末年的孔融，他的死，便與他的性格有很大關係。孔融的性格是什麼樣的呢？首先，他出身名門，是孔子的二十世孫，所以他性格孤傲，從骨子裡瞧不起曹操。其次，他是漢末知識份子的政治領袖，從不溜鬚拍馬，憑藉著個人的能力當上了北海太守。因此，他喜歡特立獨行和標新立異，事事都想出風頭，從不知道收斂，固執得像一塊石頭。

孔融很有才華，像大家熟知的讓梨的故事，都被編進了《三字經》。《三字經》中說：「融四歲，能讓梨，弟於長，宜先知。」朗朗上口，婦孺皆知。

十歲時，他跟隨父親進京。當時的河南尹（河南最高行政長官）李膺，雖然身為名士，卻不願隨意會見客人，非當代名士或親戚就不見。孔融很想拜見他，就上門對李膺的家人通報說：「我是李大人世交的子弟。」

李膺見到孔融，問他：「我家和你家認識嗎？」孔融回答說：「我的老祖宗孔子曾向您的老祖宗老子問禮，老子姓李，他們身為師友，所以我們可是累世的交情啊！」在座的人都很驚訝，也很佩服。

然而，這種過於張揚和驕傲的作風，為孔融日後的為人處世埋下了「禍根」。顯然，孔融是不理會「圓融順通，執拗失機」這種理念的，他認定的道理就是「我想幹什麼就幹什麼，想說什麼就說什麼」。曹操的所作所為，他處處看不順眼。曹操討伐袁紹，他反對。曹操頒佈重要的政策方針，他也公開「唱反調」。他的這些行為，為自己挖好了墳墓。

曹操挾天子令諸侯，漢獻帝是他手裡的傀儡。大多數大臣都不敢與漢獻帝接觸，而孔融卻偏偏不管不顧，他與被監視的漢獻帝交往密切，經常寫文章給漢獻帝，也不知寫了什麼，很讓曹操煩心。

有一次，他還煽動個性張狂的名士禰衡在大庭廣眾之下辱罵曹操，讓曹操下不了台。曹操禁酒，他也不同意，故意諷刺說：「堯因為喝酒，才成為聖賢；桀紂雖然以色亡國，但也不能為了防範，不讓男女通婚呀！」

又有一次，曹操想殺楊彪，孔融聽說後，連朝服都沒來得及穿，就去見曹操，警告道：「你要殺了楊彪，我孔融作為堂堂魯國男子，明天就撩起衣服回家，再也不做官了！」這看似在勸曹操，其實在要脅。曹操一次次都忍了。

後來，曹操攻破鄴城，將袁紹次子袁熙的夫人甄氏送給曹丕。孔融給曹操寫信說：「武王伐紂，以妲己賜周公。」

曹操很納悶，心想：怎麼沒聽過這個典故呢？於是請教孔融。孔融說：「以今度之，想當然耳。」意思就是，按照今天你的所作所為來揣度，我想這種事情當然會有的。可以看出他不是在表達意見，而是在冷嘲熱諷。

孔融執拗任性，言談舉止不藏鋒芒，給人不留餘地，給自己也不留餘地。當然，如果他和普通朋友這樣，人家頂多不跟他來往，但與曹操這樣，就引來殺身之禍了。所謂「謹言慎行，君子之道」，孔融瞧不起這樣的人情世故。而且，他錯誤地認為，憑藉自己的學術地位和名氣，曹操肯定不敢對自己怎麼樣。

在與曹操的交鋒中，他一再放任自己的個性，終於讓還算有些雅量的曹操忍無可忍動了手，最終丟了性命。

對於災禍的到來，孔融年僅七歲的女兒和九歲的兒子早有準備。

當軍吏逮捕兩個孩子時，他倆正在別人家裡下棋，聽到消息後面無懼色，冷靜地說了一句：「覆巢之下，焉有完卵？」意思就是，傾覆的鳥巢之下，哪裡會有完整的鳥蛋保存呢？

為人謙虛，則有謙讓的雅量，寬容的胸襟；為人圓融，則能左右逢源，團結一切可以團結的力量，聯合多數對付少數，故而少有人做對，行事自然遊刃有餘。

為人圓融者，靈活變通，從善如流，能夠聽取他人建議，結合自身的特點，揚長避短，所以常常足智多謀，出奇制勝。

為人執拗者，遇事不知機變，死抱一棵樹不放，孤芳自賞，平白坐失良機。所以，還是《菜根譚》說得好：「執拗者福輕，而圓融之人，其祿必厚。」

不過，我們也要警惕，過於圓融的人，一不小心就變成圓滑了，那應該怎麼做呢？我們可以學學莊子的智慧。

莊子在山中見大樹枝繁葉茂，伐木者卻不砍伐。問其原因，伐木者說：「這棵樹沒有什麼用處。」

莊子於是對弟子說：「此木因為沒成棟樑所以得以保全天年。」

莊子在他相識的一個老朋友家裡做客。主人非常高興，令僕人殺雁款待。僕人問：「有兩隻雁，一隻會叫，一隻不會叫，要殺哪隻？」主人說：「就殺那隻不會叫的吧！」

弟子又請教莊子說：「先生說過，山中木以不成棟樑得終其天年，那隻雁因不成材而被殺掉。先生認為到底哪個才是我們應該效仿的呢？」

莊子說：「我將處於材與不材間。」

由此可見，一個人太執拗，肯定不行；但一個人太圓通了，乃至於變成油滑，這同樣是下下之策。莊子的意思就是，做人當可行可不行，可圓通，亦可固執，關鍵看我們如何取捨，一切都在靈活變化之中。這才是圓通做人的真諦。

六根清淨的要訣

原文

耳根如風谷傳聲，過而不留，則是非俱謝；心境如月池浸色，空而不著，則物我兩忘。

譯文

耳根如大風吹過山谷，一陣呼嘯之後什麼聲音也沒留下，這樣所有是非流言都會像殘花凋謝；心境像月光浸在水池中一樣，水月糾纏，但又空明不染，水仍是水，月仍是月。如果我們能到達這種境界，內心就會一片空明而無物我之分。

在現實生活中，每當我們聽到周圍的閒言碎語時，就會感覺不舒服。如果針對的是自己，那就更加煩惱，甚至怒不可遏，急欲與人理論。可是，理論結束以後呢？豈不是更加煩上加煩？胸中悶氣無處發洩，最終受到傷害的還是自己的身心健康。

正如《菜根譚》中說：「耳根如風谷傳聲，過而不留，則是非俱謝。」只要自己無愧於心，又何必在乎別人的非議呢？對於他人的無端指責，我們無須多所爭辯，大風吹過山谷，但什麼都沒有留下。我們如果能以這樣的心態去面對這些，就會免受許多煩惱。一個人能做到超脫萬物，對什麼事情都平淡地去看待，就會感到輕鬆許多。

遠古的堯、舜時代，許由是一個德高望重的賢人。堯在退位的時候，聽說了許由的賢德，想要將帝位禪讓給他。不料許由聽說這個消息以後，不僅不同意，反而跑到潁川水邊，以清水洗耳，隨即隱遁山林。

許由覺得聽到了侮辱自己耳朵的言語，心裡覺得煩惱，所以趕緊去洗耳，表示這些話他沒有聽到。我們從中自然可以看出他高潔的操守，但真有必要這麼做嗎？一個人如果內心澄清，不受外物的絲毫薰染，又何必對這樣一件小事耿耿於懷呢？

如果想擺脫煩惱，保持內心那份澄清，就應該將不想聽到的、不該聽到的事情儘快忘卻。智者宣導「六根清淨」，所謂「六根」指的是眼、耳、鼻、舌、身、意六種感官，透過嚴格要求自己，不受外界干擾和誘惑，從而達到「空而不著，物我兩忘」的境界。

一個人如果能夠抵禦外界干擾，就已經可稱為明智之人。人人都渴望做一個明智的人，可明智並不容易做到。《道德經》中說：「知人者智，自知者明。」透過這八個字，我們可以得知，人生有三大明智之處：第一是先見之明；第二是自知之明；第三是知人之明。其中，只有做到了自知，才能做到知人。

著名翻譯家和表演藝術家英若誠，曾講述過一件自己親身經歷的往事。小時候，他們整個家族生活在一起，每當吃飯的時候，幾十口人都紛紛聚到一個餐廳裡，這種情景十分壯觀。有一次，他心血來潮，突然想跟家人們開個玩笑。在開飯之前，他偷偷地藏在餐廳偏僻角落的一個櫃子裡，期待看到大家尋不到他而驚慌失措的樣子，等這個時候他再突然自個跑出來，給大家一個驚喜。他就這樣躲在櫃子裡等啊等，誰知大家都忙著吃喝，沒有任何一個人發現他失蹤不見了。等大家吃飽喝足，只剩下殘羹冷炙的時候，他垂頭喪氣地走了出來，一個人掃興地吃著剩菜剩飯。

這件事讓他深刻地認識到，一個人永遠不要高看自己，不要把自己看得太重要，否則就會失望，甚至絕望。看淡自己，從小的境界說，這叫自知之明；從大的境界說，這叫物我兩忘。

當我們遇到逆境的時候，只有先將心中的苦惱和沮喪排除，才可靜思如何走出困境，從而發現生命的轉機。行到水窮處，坐看雲起時，這句詩頗富哲理。當一個人山窮水盡之際，抬眼望望天空的雲起雲落，必有一番迥然而異的暢懷。

戰國時期的哲學家莊子，追求一種「逍遙」的人生境界。所謂逍遙，就是說自己的精神絕不會被外界所束縛，遺世獨立於萬物之外。可是，在當下這個時代，很少有人可以做到真正的「逍遙」。儘管如此，我們也要灑脫暢懷，不要因別人的議論而煩惱，更不要因一時的失意喪失信心，只需朝著自己想去的方向篤定前行即可。

如何才能抵達逍遙的境界呢？那就是做到「六根清淨」。然而，如果一個人的六種感官全部被物欲填得滿滿的，又怎麼能做到「六根清淨」呢？關於六根清淨，有這樣一首富有智慧的古詩，是這樣寫的：手把青秧插滿田，低頭便見水中天。六根清淨方為道，退步原來是向前。

這首詩是一位名叫契（又稱「布袋和尚」）的人所寫，他生在唐朝末年到五代亂世期間。他喜歡拄著一根竹杖，背著一口布袋，到處雲遊化緣。由於他出身於農民家庭，加上身材矮小，他插秧的時候特別俐落，幹起活來又快又好。人們紛紛前來向他請教插秧經驗，於是他隨口念出這首詩。

那麼插秧又快又好的秘訣何在呢？詩中給出了答案，第一是低頭，第二是六根清淨，第三要學會退步。

仔細思考一下，這何嘗只是插秧的經驗之談呢？在複雜的為人處世方面，這三點其實更是我們必須牢記的法寶。

Chapter

5

熱鬧中著冷眼
冷落處存熱心

當人群熱鬧之際，我們要保留幾分清醒，而在人群冷落之際，我們又要保持一顆積極向上的熱心。無論熱鬧和冷落，都要讓自己不迷亂、不動心，在素簡生活中實現人生價值。

忙處不亂性，死時不動心

原文

忙處不亂性，須閒處心神養得清；死時不動心，須生時事物看得破。

譯文

在事務繁忙的時候，要想保持冷靜的頭腦不迷亂本性，我們必須在閒暇時就培養清澈通透的心神；要想在面對死亡時不產生畏懼和恐慌之心，我們就必須在活著的時候就對萬事萬物有所參悟，能夠看破內在的規律。

一個樂觀豁達的人，總是認為車到山前必有路。正所謂：「山重水複疑無路，柳暗花明又一村。」不過，我們卻忘記了一點，眼前出現一條路，但未必是自己熟悉的路。這很可能是一條陌生的路，我們根本不知道它會通向何方。而且，這條路上還會荊棘密佈、泥濘不堪。甚至，這條路會把我們帶進死胡同，等我們赫然發覺，想要返回原點時，卻早已迷失了方向。

如果遇到這種情況，該怎麼辦呢？《菜根譚》中給出了解決方案——忙處不亂性，須閒處心神養得清。意思是說，如果一個人想忙碌時性穩如山，不急不躁，這需要在清閒時就要保持清醒的頭腦。車到山前必有路是不假，可是如果根本不熟悉路況，將會變得愈加艱難。如果我們在閒時有所準備，則更易掌握主動權。

死時不動心，須生時事物看得破。一個人要想在死亡面前臨危不懼，就必須要在平時參透人生。對於生死之事，很多人都有自己的感悟，可真正能大徹大悟的，又有幾人？即使再英明睿智的人，在死亡面前也會感到彷徨和恐懼。

儒家代表人物孟子說：「生於憂患，死於安樂。」一個人如果在過於安逸的環境中成長，就會不思進取，缺乏危機意識。由於在安逸的環境中待得太久，精神產生了惰性，在猝不及防的危局下變得懦弱，被突如其來的災禍壓垮，導致不可挽回的局面。在逆境中生存，長期與艱難困苦為伍，會自然而然地心生抗爭，從而磨練出一種堅強的意志和堅韌不拔的毅力。

那麼，我們又該如何做到「死時不動心」呢？我們該如何理解這句話？事實上，這是一個如何面對死亡的嚴肅問題。世界上的人，無論富貴貧賤，終有一天將直接面對死亡。

尤其是人到中老年以後，死亡就開始像懸掛在頭頂上的寶劍，隨時都可能掉下來。我們如何才能面對死亡而毫不畏懼，能夠坦然從容地面對呢？這就需要我們提前看破死亡的真相和本質。

戰國時期著名的哲學家莊子，是一個超凡入聖的思想家，他看問題的眼光十分獨到。關於莊子，曾經有這樣一個故事：年邁衰老之際，莊子的妻子去世了。得知這個消息之後，莊子的老朋友惠施決定前去弔唁。當他走進葬禮現場，簡直不敢相信自己的眼睛。

原來，莊子對往來的賓客視若無睹，叉開腿坐在妻子的棺材旁，一邊敲著瓦盆，一邊高聲唱著歌。

對於這種無禮行為，惠施實在看不下去了。他對莊子說：「你這樣做實在太過分了，你妻子與你相依為命，為你生兒育女，她最美的時光都給了你。現在她去世了，你不大哭一場就算了，竟然敲著盆唱著歌，豈不是太沒良心了嗎？」聞聽此言，莊子為自己辯解說：「人的生命本來就是陰陽二氣結合而成，她經歷過生老病死，猶如春夏秋冬四季交替，她現在又回到自己本來的面目了。她從家中簡陋的房子裡回到天地這間大房子裡，我不該悲傷，而應該為此感到慶幸。」

莊子是個超脫的人，能夠看穿生死的本質，從此不再為此糾結和傷心。這是一種大智慧。

正如有人說，生命的最高境界，是哭著降生，笑著謝幕。有千帆過盡的從容，有生死看破的灑脫，有本來無一物的淡然。

後來莊子病危，到了奄奄一息的地步，仍然坦然地看待自己的生死。在最後的時刻，莊子聽到弟子們準備厚葬自己，便對弟子們說：

「你們不要為我擔心，更不要為我厚葬。因為我現在很快樂，我以天地為棺，日月為連璧，星辰為珠璣，萬物為陪葬。難道這樣還不夠豐厚嗎？」

聽到老師這麼說，弟子們都流下眼淚，說：「老師，我們實在不忍心老鷹和烏鴉吃掉你的身體啊！」

莊子淡然一笑道：「你們不讓天上的老鷹吃我，而寧肯把我埋葬，讓地下的螻蟻吃，為什麼要如此偏心呢！」

說完這句話，他就離開人世了。

面對死亡，身心鎮定自若，絲毫沒有受到影響，這是一種大勇。我們只有看破生死，才能超越生死，人生無常，唯有看破生死，才能超越自己的肉身。

閒時不迷亂，忙時不衝動

原文

無事時心易昏冥，宜寂寂而照以惺惺；有事時心易奔逸，宜惺惺而主以寂寂。

譯文

平時閒居無事時，我們的心最容易陷入昏昧狀態，這時應當在寂靜中覺悟，讓自己充滿警覺的敏銳；在遇到事情的時候，我們的心最容易衝動和忙亂，此時我們應當用寂靜清冷的理性來約束狂亂的思緒。

在日常生活中，我們一定要明白兩個要點：一個是不要讓自己太閒，因為一旦閒下來，人的心就會迷失，不知道該幹什麼，自我定位出現問題。另一個就是控制自己的忙碌程度。如果總是不停工作，我們的情緒會容易失控，感情就會衝動，這時很容易就會做錯事。要解決這兩種情況，我們需要冷靜，喚醒內心平靜的力量。

雜念正是我們煩惱的根源。《菜根譚》說得好：「人生太閒，則別念竊生；太忙，則真性不現。故士君子不可不抱身心之憂，亦不可不耽風月之趣。」太閒和太忙，都會產生大量的雜念，污染我們的心靈。所以，要想除去煩惱，開悟智慧，就需要排除自身的雜念。

我們每天忙個不停，就像一頭驢子，整天圍繞著木樁在瘋狂轉圈。我們要學會恰當地安排，要明白什麼時候該忘情地工作，什麼時候又應當充分地利用休息時間調養身心。

蘋果教父賈伯斯，崇尚跳出忙碌的生活去審視自己的內心。他曾經說過這樣一句名言：「我願意把我所有的科技，去換取和蘇格拉底相處的一個下午。」在他看來，工作雖然重要，但如果能夠與偉大的哲學家蘇格拉底相處片刻，享受思想的愉悅，體驗內心的平靜，這將是更有意義的一件事情。

太忙不行，太閒也不行。俗話說：「地閒生雜草，人閒生是非。」如果一個人整天無所事事，心靈太空閒了，就會惹是生非，把雞毛蒜皮當成天大的事情。有兩種生活方式很容易讓人頹廢，一種是一直閒著沒事做，一種是忙到沒時間思考和成長。怎麼辦？解決之道就藏在八個字裡，這八個字就是教育家黃炎培所說的「事繁勿慌，事閒勿荒」。所以，忙碌時，我們不妨讓自己當一個旁觀者，跳出迷局，不要慌張衝動，而是冷靜自查。在閒下來時，不妨給自己找點事幹，別讓心田荒蕪。

清代名臣曾國藩曾在翰林院任職，當時生活悠閒無比，整天沒有事情做，他漸漸覺得不對勁了，認為再這樣下去，自己必將頹廢。怎麼辦？他跟自己約法三章：第一，利用閒暇時間尋師訪友。在這段時間裡，他結交到一大幫志同道合的朋友，讓自己在學問和思想上得到很大的提升。第二，制定讀書計畫。他給自己規定，每天必須讀多少頁書，以及每天必須完成「日課十二條」，否則決不上床休息。第三，堅持為家人寫家書。他用正楷一筆一畫寫家書，向家人匯報自己的所思所想，叮囑家人在家風教育方面上的各種事情。他所寫下的家書成為後世經典，影響了一代又一代人。

不要認為閒暇之際，正是瘋狂玩樂的時間，事實上，業餘時間才真正決定一個人的未來。愛因斯坦說：「人的差異在於業餘時間，業餘時間生產著人才，也生產著懶漢、酒鬼、牌迷、賭徒。」真正厲害的人把閒暇時間當作成長的契機，趁著這段時間充電學習，追求自己的人生理想。

《菜根譚》中說：「天地寂然不動，而氣機無息稍停；日月晝夜賓士，而貞明萬古不易。故君子閒時要有吃緊的心思，忙處要有悠閒的趣味。」意思就是，天地看上去寂靜不動，其實天地之間的氣流無時無刻不在運轉，一刻不曾停止；太陽月亮晝夜運行，而它們的光明卻萬古不變。所以君子應該效法天地的智慧，在清閒時要有吃緊的心思，在忙碌時則要有悠閒的情調和心態，讓自己保持清醒頭腦，體味人生樂趣。

生活是一門藝術，關鍵是掌握平衡。現代文學家老舍先生說過一句話：「生命是一種律動，需有光有影，有左有右，有晴有雨，滋味就含在這變而不猛的曲折裡。」提供各位讀者參考。

如何看待「隱逸山林」這件事

原文

羨山林之樂者，未必真得山林之趣；厭名利之談者，未必盡忘名利之情。

譯文

羨慕山林生活快樂的人，不一定能真正領悟到山林之間的樂趣；那些嘴上高談自己厭惡名利的人，心中未必真將名利完全忘掉了。

人的天性大都如此，放不下生死和名利。然而，《菜根譚》中說：「厭名利之談者，未必盡忘名利之情。」我們可以從《莊子·秋水篇》中的這則故事裡，瞭解上述這句話的含意。

楚王聽說了莊子的才學和智慧，於是派了兩位大臣到莊子垂釣的濮水之濱，向他表達自己想拜他為相的請求。莊子放下魚竿，頭也不回地說：「我聽說在你們楚國，有一隻三千年的神龜，楚王非常喜歡牠，對牠簡直好到了極點，把牠弄死之後，用貴重的竹箱裝著牠，用華麗的巾飾蓋著牠，虔誠地珍藏在宗廟裡。現在，這隻神龜是寧願死掉留下屍體高居廟堂顯示尊貴呢，還是寧願活著在泥水裡拖著尾巴打滾呢？」兩位大臣笑著說：「牠當然寧願活著，在泥水裡打滾呀！」於是莊子說：「我跟這隻神龜的想法一樣，更願意拖著尾巴在泥水裡打滾。你們走吧！」

莊子是真正摒棄名利的高尚隱士，看到了名利背後的束縛和危險。莊子之外，陶淵明亦然，他們都能真正忘卻功利之心，亦可真正領略到天地自然之樂！

而今天的我們，又該如何看待「隱逸山林」這個話題呢？首先，物質決定精神，我們應當務實，透過自身的不懈努力為「隱逸山林」打下堅實的物質基礎。為了獲取美好生活的資本，我們奔波忙碌，憑藉勤奮和努力拼搏，用自己的雙手創造財富，這並沒有錯。也只有做到了物質上生活無憂，才有暢遊名山大川的資本。

由於我們皆非聖賢之輩，仍是需要為世上的衣食住行而忙碌，進而實現自己的人生價值。當我們有了物質基礎，才不會被自己的衣食住行的煩惱所困，才能夠真正體味山林之美。

在陝西秦嶺山脈的中段，有一座在歷史上赫赫有名的山，它就是終南山。歷朝歷代，很多隱士都喜歡到這裡隱居，很多長生不老的神仙故事都原產此地。有個叫比爾・波特的美國人在《空谷幽蘭》一書中如此描寫終南山隱士：

在雲中，在松下，在塵壥外，靠著月光、芋頭和大麻過活。除了山之外，他們所需不多。一些泥土，幾把茅草，一塊瓜田，數株茶樹，一籬菊花，風雨晦暝之時的片刻小憩。

許多現代人對終南山懷著美好的嚮往，紛紛來到這裡隱居。他們將終南山看作自己人生的歸宿，希望在山林中尋求心靈的休憩和精神的解脫。由於來的人越來越多，終南山原本無人居住的農家房的租金高漲。附近的村民靠新生的「隱士產業」賺了不少錢。有不少人為了節省房租，乾脆住進山洞裡，一頓飯只吃一些野菜。就這樣身體慢慢垮下來，甚至悄無聲息地病死在山洞裡。

到了冬天，日子更是難捱，大多數人無法忍受寒冷，在大雪來臨之前紛紛逃走，留下一片白茫茫大地。

由此可見，山林並非真正的隱逸之地。真正的隱逸之地永遠在人的內心深處。如果能把自己的內心修煉得無堅不摧，才是修身養性的真諦。

少就是多——素簡的生活哲學

原文

釣水，逸事也，尚持生殺之柄；弈棋，清戲也，且動戰爭之心。可見喜事不如省事之為適，多能不如無能之全真。

譯文

垂釣，本是一件隱逸的活動，然而在這活動中，我們卻手握魚的生殺大權；下棋，本是一種清雅的娛樂，但在這娛樂中，卻牽動著爭強好勝的戰鬥心理。所以活在世上，就算多件喜事也不如省事那樣閒適，擁有很多才能會整天忙得焦頭爛額，還不如沒有那麼多才能的人更容易保全自我本真。

如果眼下有兩種生活，一種是有一筆不小的財富，但每天都有加不完的班，甚至連平時陪家人的時間都沒有。另一種則是有一份輕鬆的工作，有一個溫馨和睦的家庭，雖然不是大富大貴，但足以支撐日常消費。每天下班回家，跟一家人圍在飯桌旁，踏踏實實地吃頓飯。生活小富即安，悠閒安適，沒有太多的煩心事勞累自己。若要選擇其中一種生活，各位會怎麼選擇呢？

很多人會想要選擇第一種。為什麼？因為財富、地位這些外來之物，正是大家所渴望得到的。但大多數人不知道的是，欲望的滿足並不意味著安然舒適。正所謂：「有人辭官歸故里，有人星夜趕科場。」有些人辭去官職，情願回到故鄉老家過簡單的生活，而有些人卻日夜兼程去參加科舉考試，博取功名利祿。只有經歷過才懂得，自己真正想要的是什麼。

中國歷史上有不計其數的人，為了追求和滿足自己的欲望而殞身。即使他們的地位已經位極人臣，可仍然欲壑難填，最終落得個悲慘的結局。有這樣一個寓言故事，為我們揭秘了其中的答案：

曾經有位國王，他遇到一名乞丐，說自己可以幫乞丐實現一個願望。

乞丐的願望非常簡單，他說：「你只需要用東西把我手中這個碗裝滿就行。」國王一聽就笑了，因為這個願望太容易實現了。

國王讓手下大臣拿些錢放進碗裡。誰知不可思議的事情發生了，碗裡的錢不見了。大家都感到特別奇怪。國王再次命令大臣把錢扔進碗裡，錢再次消失了。碗裡空空如也。

當時很多人圍觀這一幕，這讓國王惱羞成怒，在公眾面前出醜讓他難以忍受。他說：「我要把更多的東西放進去！哪怕失去王位，我也不在乎！決不能讓一個乞丐看我的笑話！」接下來，他將皇宮及大臣們的金銀、鑽石、珍珠、翡翠等大量財寶倒進這個碗裡，誰知這些財寶全都不見了。這個碗彷彿一頭貪吃的巨獸，永遠填不滿。

無可奈何之下，國王只好承認自己的失敗。他問乞丐：「這到底是個什麼樣的碗？其中到底有什麼秘密？」乞丐說：「根本沒有什麼秘密，因為它就是人心！」

人生就是這樣，沒有欲望固然不對，但欲望太多則會帶來煩惱。多事不如少事，少事不如無事，無為則無不為。然而，要想做到少事和無事，並不容易，因為人性是複雜的，很多看似簡單的事情也會變得複雜。例如，坐溪垂釣本是件風雅之事，可當魚上鉤，難免沾染血腥。與人弈棋，在爾進我退的殺伐之中，人自然而然心生爭鬥之心。相較而言，不如少事無事來得休閒自在。

真正活得通透的人，都懂得擯棄表象的浮華，不慌不忙，活出內心的素與簡。當身處逆境之時，不要氣餒，當一帆風順之時，也不該被外物迷惑，使自己落入不能自拔的深淵之中。

關於這種素簡的生活哲學，《道德經》中說：「少則得，多則惑。」也就是說，少就是多。正如國畫中的留白，寥寥數筆，但境界全出，如果畫得滿滿的，則滿紙惡俗。少就是多，建築大師路德維希・密斯・凡德羅對此極其推崇，他提出「Less is more」（少就是多）的建築學理論，認為完美的建築應該走極簡主義風格，代替繁複奢華，盡可能地減掉多餘累贅的元素。

在人文領域，有一個著名的奧坎剃刀定律，這個定律的本質就是「多一事不如少一事」，它是來自英格蘭奧坎的邏輯學家威廉提出的，其法則是：「如無必要，勿增實體。」他進一步補充說：「切勿浪費較多東西去做，用較少的東西，同樣可以做好的事情。」就好像手裡拿著一把鋒利無情的剃刀，將那些多餘累贅之物，全部割捨，保持簡單。這個剃刀理論如今被廣泛應用在管理領域，如果機構臃腫龐大，必定效率低下，怎麼辦？請用這把無情的剃刀將多餘的環節割除，保持快捷簡單高效的管理模式。

現象是複雜的，本質是簡單的。少就是多的素簡哲學，是一種契合人類生活本質的智慧。正如愛因斯坦所說：「如果不能改變舊有的思維方式，你就不能改變自己當前的生活狀況。」、「萬事萬物都應盡可能簡單，但不能更簡單。」我們只有用無情的剃刀將陳舊多餘的思維剔除，才能看到簡單的本質。

不要在困境中自暴自棄

原文

貧家淨掃地，貧女淨梳頭。景色雖不豔麗，氣度自是風雅。士君子當窮愁寥落，奈何輒自廢弛哉！

譯文

一個貧窮的家庭，經常把地打掃得乾乾淨淨；一個貧窮人家的女子，經常把頭梳得乾乾淨淨。雖然陳設和穿戴不夠豪華豔麗，卻能保持一種樸素優雅的風範。一個有才有德的君子，即使時運不佳，處於寂寞不得志時，為何就要萎靡不振、自暴自棄呢?!

在這個世界上，大多數都是普通平凡人。當面臨窮困時，我們不要整天鬱悶愁苦，甚至自暴自棄。因為對於一個人來說，最重要的不是富貴或貧窮，而是在時運未到之前，有沒有高尚的品德和才能，能不能耐得住寂寞，能否在困境中自立自強，不失自己的風度，並能保持良好心態，直至風雲際會的那一天。

春秋時代的孔子，喜歡帶著弟子周遊列國。有一次，他走到陳國（今河南省周口市淮陽區），遭逢連綿陰雨，路途泥濘，而且斷了糧。跟隨他的弟子，不少人都餓病了。子路憤憤不平，怨天尤人，責怪上天不公、路人不仗義。孔子卻以「君子固窮」（君子在窮困中能夠淡定自若）的態度泰然處之，絲毫沒有抱怨。不僅於此，他還在泥濘中彈琴高歌。

那麼，孔子難道是一個鄙視富貴的清高之人嗎？並非如此，他本身毫不掩飾自己對富貴的嚮往和追求。他曾說：「富而可求也，雖執鞭之士，吾亦為之。」意思就是，如果富貴可以追求得到，即使是低賤的下等職業，我也願意去做。雖然他嚮往富貴，但他卻有自己的原則，他又說：「不義而富且貴，於我如浮雲。」富貴要有道義才行，不能發不義之財，不講仁義得來的富貴就像天上的浮雲一樣，那樣還不如固守貧窮的好。

貧窮並不可恥，《菜根譚》在這裡告訴我們，即使家貧也不要忘記掃地，即使身為貧女也別忘了梳頭，即使深陷困境，也不要喪志。

元末明初文學家宋濂，曾被朱元璋譽為「開國文臣之首」。他從小就喜歡讀書，可家裡很窮，根本沒錢來買書。不過這難不倒宋濂，因為他可以到有書的人家裡去借。由於借來的書必須按時歸還，他就謄抄下來，然後再還回去。冬天十分寒冷，墨汁結冰了，他的手被凍得幾乎握不住筆。儘管如此，他還是堅持抄寫，不肯浪費一點兒時間。抄寫完畢，他飛跑著把書還給別人。由於有借有還，說話算數，別人都願意把書借給他。透過這種方式，他的知識和學問與日俱增，超過了很多富人家的孩子，因為那些孩子根本吃不了他讀書的苦。

隨著年齡的增長，宋濂需要名師指導。為了拜訪老師，他翻山越嶺走了上百里，迎著大風，冒著大雪，積雪甚至有幾尺厚。他的腳被凍裂一道道口子，可他毫不在乎，一直趕到老師家中，此時他的四肢已經被凍得麻木。老師看到他凍成這樣，趕快端來熱水為他暖身，又讓他蓋上厚厚的被子，血液好長時間才得以流通。那個時候，跟他一起學習的學生，大都穿著綾羅綢緞，戴著鑲嵌珍珠的帽子，腰裡繫著白玉腰帶，佩著寶刀和香囊，看著就像光彩照人的神人一樣。在這群學生之中，唯有宋濂穿著破破爛爛。然而宋濂卻從沒抱怨過，更沒羨慕過他們，而是沉醉在知識的海洋和智慧的盛宴裡，他從閱讀和學習中獲得了莫大的樂趣。就這樣，他成為一名博古通今的淵博學者、思想家。

朱元璋登基當皇帝之後，宋濂是重要的文人謀士，全國很多重要的政令文章都出自他手。他還負責編撰二十四史中的《元史》，同時並創作了《宋學士集》七十五卷。

身陷困境時，再急也沒用，時機未到，我們只能隱忍與等待。人生不是短跑，而是一場馬拉松比賽。跑在第一名的，往往不是最先撞線的，那些一開始跑在後面的，往往會笑到最後。冰凍三尺非一日之寒，學習需要日積月累，成就與事功也需要積累。

找到自己的智慧源泉

原文

簾櫳高敞，看青山綠水，吞吐雲煙，識乾坤之自在；竹樹扶疏，任乳燕鳴鳩，送迎時序，知物我之兩忘。

譯文

高高捲起竹編的窗簾，看著青山綠水煙霧迷濛，這才認識到大自然的逍遙自在；花木茂盛、翠竹搖曳，新燕翩飛、斑鳩鳴叫，彷彿在送迎冬去春來的時令變化，這才知曉和理解物我兩忘的境界。

老子在《道德經》中說：「人法地，地法天，天法道，道法自然。」概括來說，就是我們應當以自然為師，向自然學習，從而達到一種物我兩忘、乾坤自在的感覺。萬事萬物時時變幻，很難做到盡如人意，但如果我們能夠以一顆自然平和的心對待，不管看什麼，都會覺得是美麗的風景，無論遇到什麼事，都可以淡定從容地面對。

文學家錢鍾書對人生的態度就非常平和，他的小說《圍城》發表以後，許多媒體希望能夠採訪他，甚至有外國學者也要慕名來中國拜訪，誰知均被他一一婉拒。他的理由是：「如果你吃到一個雞蛋，覺得好吃，你又何必去認識下蛋的母雞呢？」

錢鍾書真正做到了低調謙虛、甘於寂寞。他喜歡潛心讀書、埋頭做學問，不喜歡整天拜訪別人，也不喜歡別人前來拜訪。對於這類事情，他通常以生病為由謝絕。信函堆積如山，他也置之不理。他的時間大都花在潛心求學問上了。他知道，這才是自己立身於世的根本。

大凡成功之人，都需要獨處修煉的空間。是的，我們離不開人群，需要基本的應酬和交往，因為人類是社會群體動物，然而我們還需要給自己留出一定的時間和空間。我們不能隨波逐流，被人海淹沒自己的個性，迷失了自己的方向，如果那樣，可就成了無本之木、無源之水了。

對於這一點，錢鍾書的夫人楊絳在散文《隱身衣》中寫道：「一個人不想攀高就不怕下跌，也不用傾軋排擠，可以保其天真，成其自然，潛心一志完成自己能做的事。」此話堪稱真理，一個人如果沒有自己立身的根基，缺乏做事成事的技能，那麼活在世上也只剩一個花架子了。我們不如沉下心來，修煉自我。

如果我們的面前擺著一盆混濁的水，如何才能把水變得清澈？有人想出了千奇百怪的方法，但其實最簡單的方法就是，讓這盆水保持靜止，不要去驚擾，就讓水在時間中靜下來。漸漸地，水中混濁的泥沙就會沉澱下去，水開始變得清澈見底。

靜下來，水從混濁變為澄澈，我們的心同樣如此，靜下來才會從浮躁變為沉靜。一盆水，靜下來能映照世界，我們的心也是如此，靜下來才能看見自己，看見世界。在欲望中浮躁，我們將不知不覺迷失。在沉靜中潛修，我們將不知不覺擁有智慧。唐代詩人白居易詩云：「整頓衣巾拂淨床，一瓶秋水一爐香。不論煩惱先須去，直到菩提亦擬忘。」生活環境保持清潔，焚香觀水，心靜如水，煩惱不知不覺一掃而光，智慧從心底湧現。

詩人紀伯倫在《先知》中曾寫道：「我們已經走得太遠，以至於忘記了為什麼出發。」在浮躁的環境中，我們要時時讓自己安靜下來，免得大腦被太多訊息所充斥，漸漸就會做出違背內心的事情，從而與最初的理想漸行漸遠。

Chapter

6

福從何來——隨遇而安的人生哲學

處世之道的心法不在於爾虞我詐，而在於隨遇而安。曾有這樣一副對聯寫道：「為名忙，為利忙，忙裡偷閒，喝杯茶去；勞心苦，勞力苦，苦中作樂，拿壺酒來。」字裡行間透著生活的大智慧。人生如茶，茶如人生，人生不過一杯茶，滿也好，少也好，爭個什麼；濃也好，淡也好，自有味道；急也好，緩也好，那又如何？

福不可求，禍不可避

原文

福不可邀，養喜神以為招福之本；禍不可避，去殺機以為遠禍之方。

譯文

福不可以強求，如果能培養樂觀愉快的心境，倒有可能招來福氣；禍不可以躲避，如果能去掉心中的殺機惡念，倒是一種可以遠離禍患的方法。

所謂的福與禍，往往不是我們自己所能主宰的。《道德經》中說：「禍兮，福之所倚；福兮，禍之所伏。」福和禍是相互依存的，它們誰也離不開誰。而且，它們之間能夠彼此轉化，並不因我們的主觀意願發生改變。那麼，對待福與禍，我們應該抱持怎樣的態度呢？是強烈地渴求福，拼命尋求避禍之道嗎？答案是否定的。比較好的做法是，保持樂觀的心態，控制心中的惡念和貪欲。如果做到這些，自然就能得福遠禍，並且活得心安理得。

幸福不是我們想求就能求到的。但首先，我們應當明白「福」是什麼，是優越的生活，還是炙手可熱的權勢？其實幸福就在於我們的生活態度。樂觀，人就會感到幸福，壞運氣也能變成好運氣；悲觀，人就會感到抑鬱，始終生活在「禍」的陰影中。像羅曼・羅蘭所說：「一無所有的人是幸福的，因為他們將獲得一切！」中國也有古語說：「有心就有福，有願就有力；自造福田，自得福緣。」兩者在意義上是相通的，就是不求擁有全部，只求心安理得，樂觀對待一切。

所以，福不但是運氣、財富、機遇，更是一種人生價值觀。一個心態樂觀、懂得知足的人，就算每天吃糠嚥菜，也能感受到生活的美好；一個貪得無厭的人，就算是世界首富，也會因為自己的不滿足、體驗不到生命的價值而苦惱，因為他的眼睛總是盯著那些還沒到手的東西。

世上沒人願意災禍降臨在自己頭上，但天災人禍一旦降臨，不會跟任何人打招呼，誰也無法躲避。只要自己不做惡事，沒有邪念，就不用擔心受到懲罰。即使遭受災禍，我們也無須氣餒，只當它是命運的考驗。所有的一切遭遇，都在錘煉我們的能力與人格，那又有什麼好逃避的呢？要想擺脫危機，就應當坦然面對。

說到底，禍福難料，這個世界有無數種可能。人世變化無常，好的事情會變壞，壞的事情也會變好。那麼，福禍的玄機究竟是什麼呢？福真的不可求嗎？在這裡，我跟大家分享《了凡四訓》中的一句話：「造命者天，立命者我；力行善事，廣積陰德，何福不可求哉？」如何立命？努力奮鬥，改變命運，積極地多做善事，透過這種方式為自己廣積陰德。

這裡跟《菜根譚》唱起了反調，一個說福不可求，一個說福可求，難道它們是矛盾的嗎？其實如果仔細分析就會發現，兩者其實並無本質的區別。真正符合事實的說法應該是這樣的，福不可向外求，只能透過自修的方式來感召和獲取。

萬事隨緣，隨遇而安

原文

釋氏隨緣，吾儒素位，四字是渡海的浮囊。蓋世路茫茫，一念求全則萬緒紛起，隨遇而安，則無入不得矣。

譯文

佛家主張順應因緣、順其自然，而儒家主張守住本分。「隨緣素位」這四個字正是渡過人生苦海的浮囊寶船。人生之路茫茫無邊，一旦產生苛求完美的想法，千頭萬緒就會紛擾不斷，如果做到隨遇而安，無論身在何處都可怡然自得。

人生在世，隨性隨緣，隨遇而安。隨緣，不僅是佛家的主張，道家也有類似觀點。《道德經》中有這樣一句話，叫做「無為無不為」，就是說，有些事情不需要過分作為和強求，要保持一種無欲無求、自然而然、不刻意的態度。正因為沒有主觀地刻意強求，反而到最終什麼都得到了。

這句話看透了天理，悟透了人情。一個人越是強求什麼，結果往往注定是個空；一切隨緣，因勢利導，反而能獲得圓滿。

在真實人生中，很多事情並不如想像的那樣簡單，不是我們設定了一個目標，就一定能依計畫一步步實現。人海龐雜，世路多歧，茫然無盡，再完美的計畫，再堅強的意志，也都有解決不了的問題，鏟不平的障礙。如果我們執念要成全某件事，則各種欲念必定遝然而至。強行要得到某個東西，隨之將產生更多的煩惱。

如能隨緣而作，隨遇而安，順著事物原本的邏輯自然行事，則可以減少很多不必要的煩惱。

認清自我的能力和本分，不去妄想超出自己實力、不屬於自己的東西，這樣也就遠離危險了，不會惹禍上身。

人這一生，如同飄蕩在大海上，自己雖然清楚方向，但海水會把人帶往何處，實在是難以預測的。渡人生之海，風浪何時有，甚至何處有鯊魚，都是不可判斷的，誰知道明天自己會遇到什麼事情呢？

從某種意義上說，無常才是這個世界的常態。既然人生是無法預料的，那麼名利這些身外之物就隨處可得又隨時會失去。

因此，我們要想活得幸福，就得懂隨緣和本分。隨緣，就是順從己身的因緣。外界事物，觸動了身心，是謂緣。

所以，順此緣，就是隨緣。本分，便是看是否符合道義。不是我的，要也無用；是我的，不伸手也會來。別人的東西不去搶，不切實際的目標不去考慮，腳踏實地，兢兢業業。

北宋文學家蘇軾曾寫過一首名為《定風波》的詞，表達自己隨遇而安的曠達態度。

莫聽穿林打葉聲，何妨吟嘯且徐行。竹杖芒鞋輕勝馬，誰怕？一蓑煙雨任平生。

料峭春風吹酒醒，微冷，山頭斜照卻相迎。回首向來蕭瑟處，歸去，也無風雨也無晴。

蘇軾為什麼要寫這首詞？對此，他寫了一段說明：「三月七日，沙湖道中遇雨，雨具先去，同行皆狼狽，餘獨不覺。已而遂晴，故作此詞。」原來他遇到雨天，連雨具都被風刮走了，同行者都狼狽不堪，而蘇軾卻隨遇而安，享受風雨的美妙。

蘇軾寫這首詩的時間為宋神宗元豐五年的三月七日，此時正值他因「烏台詩案」被貶到黃州的第三個春天。人生處於困境之中，換成常人，肯定抑鬱苦悶、以淚洗面，但蘇軾卻活出了與眾不同的一種境界。在風雨中，他一面吟嘯徐行，一面竹杖芒鞋，勝似騎馬，正面看待人生的挑戰。在他看來，晴日是好的，雨天也是好的，隨遇而安，人生就會變得妙趣橫生。

順應環境，隨遇而安，聽起來消極，像是主張妥協的投降派，其實不然。現實中，各人的境遇皆不相同，能力大小也不一樣，每個人都應有自己的道路，不越軌，不做非分之想，只有這樣，才能在艱難的人世生存下來。

縱觀史上有德有識的君子，他們大都樂天知命，順其自然。如果處於富貴之中，他們則行富貴之道，不驕不淫；就算居於貧賤，他們也無畏無懼，樂得自在和逍遙。

就像孔子所講，「既來之，則安之」，當時雖然是指安撫遠方來的人，使其能夠安居樂業，不過現在多意指既然已經來了，就安下心來，或者遇到事情既然已經發生，不如定下心坦然面對。無論何時何地，遇到何事何人，都永遠地恪守內心的原則。不強求，不消極，樂觀平和，幸福瀟灑，悠然自得，愜意生活。

我曾記得這樣一副對聯：「為名忙，為利忙，忙裡偷閒，喝杯茶去；勞心苦，勞力苦，苦中作樂，拿壺酒來。」言詞雖然簡單，但字裡行間透著生活的大智慧。人生如茶，茶如人生，人生不過一杯茶，滿也好，少也好，爭個什麼；濃也好，淡也好，自有味道；急也好，緩也好，那又如何？暖也好，冷也好，相視一笑。

歲月如白駒過隙，你我都是天地之間的匆匆過客，很多時候強求是沒有用的，不如萬事隨緣，隨遇而安。

一個人的福厚福薄，就看這一點

原文

天地之氣，暖則生，寒則殺。故性氣清冷者，受享亦涼薄；唯和氣熱心之人，其福亦厚，其祿亦長。

譯文

天地間的氣候，和暖則生機盎然，寒冷則蕭條枯萎。所以性情脾氣清高又冷漠的人，得到的回報也很微薄；唯有性格和氣與心地熱忱的人，他的福分不但豐厚，得到的回報也會長久。

俗話說，做事之前先做人。對人和氣，愛說暖心話，這就是福氣的來源。

熟悉《紅樓夢》的人都知道，薛寶釵一團和氣，誰也不得罪，人緣很好，到處都是朋友。與之相比，林黛玉就不是一個一團和氣的人。《紅樓夢》中有這樣一個故事：當賈府一家人在聽戲的時候，史湘雲心直口快，說唱戲的小旦長得跟黛玉很像，林黛玉心裡很不高興。雖然當時口裡不說，但回到住處就向賈寶玉抱怨：「我原是給你們取笑的——拿我比戲子！」

其實，史湘雲的個性大家都瞭解，心直口快，毫無機心，是個憨厚的姑娘，她說這句話本沒有惡意，可在黛玉聽來卻很刺耳。林黛玉的個性孤傲，別人也都覺得她清高涼薄，難以接近。所以，她在賈府並不很受歡迎，心情難免抑鬱。

古往今來，很多懷才不遇的人大都是清高孤傲的。例如，因性格清傲、自作聰明而遭曹操殺害的楊修；偉大的浪漫主義詩人「詩仙」李白，為什麼會一生仕途不順，被唐玄宗「賜金放還」？歷史上還有一位：屈原。屈原為何總是被楚懷王排斥，鬱鬱不得志，最終自沉於汨羅江畔？

中國商人自古信奉和氣生財。事實上，和氣不僅能生財，而且能成為升職加薪的重要條件。畢竟沒有哪個老闆願意看到整天板著臉的員工。

清代名臣曾國藩四十八歲時給自己寫下一副對聯：「養活一團春意思，撐起兩根窮骨頭。」對聯句子裡的「春意思」是什麼意思呢？這裡一方面指要像春天一樣積極向上，充滿活力。另一方面則是要像春天一樣，一團和氣，溫暖和煦。

和氣不僅能夠生財，而且還可以生福運。如果待人處世都能夠一團和氣，人生必定不會差到哪裡去。

不做老狐狸，但也別當小白兔

原文

機息時便有月到風來，不必苦海人世；心遠處自無車塵馬跡，何須痼疾丘山。

譯文

當停息陰謀詭計的機心之後，清風明月自然就會到來，你就會有輕鬆舒暢之感，不必認為人間就是苦海了；當你的心在悠遠之地，遠遠地超脫世俗，自然不會聽到外面的車馬喧囂之聲，何必非要眷戀山野林泉的隱居生活呢？

唐代宰相李林甫，城府極深，用心險惡狡詐，「口蜜腹劍」四個字就是說他的。唐玄宗李隆基在位的時候，想要招攬四方才能之士，而這時李林甫擔任宰相，他恐怕那些有才能的人受到玄宗重用以後，對自己的相位有所威脅，因此在背地裡千方百計地進行阻撓，致使全國沒有一人被選中。他還假惺惺地向皇帝獻媚說野無遺賢（民間沒有一個賢才被遺留）。當時有一位大臣叫嚴挺之，這個人很有才學，治國本領遠在李林甫之上，玄宗想要重用他。得知這個情況，李林甫又耍起花招來了，對玄宗說嚴挺之年邁體弱，又得了風疾的毛病，勸玄宗讓他賦閒休養。嚴挺之的事業就這樣被中斷了。

像李林甫這樣的人，對人始終懷有奸詐的機心，可是他心裡真的感覺到踏實嗎？他也知道自己跟很多人結下了仇怨，因此總是戰戰兢兢，擔心會有刺客要殺他，所以府宅建造了高高的牆垣，家中還有為自己逃生準備的密道。

一個人不動機心，就不會有太多煩惱。煩惱大都來自欲望，得不到或不知足，才會心意難平，才會有憂慮。人生種種浮躁，陰謀機心，都是由此而來。真正高明的人才能夠洞察這一切。

北宋的呂端是一位很有才能的大臣。宋太宗想任命他為宰相，反對派認為呂端是個糊塗人，不可擔任如此重要的職位，太宗卻說呂端這個人，在小事上糊塗，但在大事上精明得很。因此不顧很多大臣們的反對，決然地任他為相。他和當時的名臣寇準都擔任參知政事的職位，而且他的排名在寇準前面，因此主動上書太宗皇帝將自己的排名列在寇準之下。不久以後，他升到了宰輔之位，恐怕寇準心中憤憤不平，於是又請求太宗讓參知政事和宰相輪流執勤，一起在政事堂共事。皇帝對他如此信任和重用，他依然兢兢業業，毫無半點兒機心。

小事不計較，大事不糊塗，這是一種做人做事的哲學。保持內心的天真，但絕不是單純的小白兔。我們要瞭解，一個人生活在複雜的世界，完全天真單純是不可取的，也是不可能的，何況在應對大事時，沒有一點機心是絕對辦不到的。不可過於天真，但也不可太有機心，要在兩者之間找一個平衡。

《菜根譚》中還有一句類似的話：「勢利紛華，不近者為潔，近之而不染者尤潔；智械機巧，不知者為高，知之而不用者為尤高。」意思就是，權利和財富使人眼花繚亂，不接近這些的人稱得上清白，但能夠接近它、掌握它又不受沾染的人則更加高潔；權謀詭詐的機巧之心，不知道者還算高明，但知道卻不輕易使用的人則更加高明。

世界太複雜，但並不意味著我們也要隨之複雜。我們只要知道這個世界的運行邏輯，看清這個世界的底牌，就可以保護自己。那麼，我們應該以什麼樣的態度為人處世呢？不要處處懷有機心，對別人做出陰險狡詐之事，但同時我們也需要擦亮眼睛，能夠洞穿形勢，做出明智而果斷的處置。

只有看清世界邏輯和社會形勢，我們才能真正做到柔中帶剛、剛中有柔，進退有致。南宋名將宗澤說：「眼中形勢胸中策，緩步徐行靜不嘩。」我們眼裡看得清，胸中有謀略，這樣才能保持安徐鎮定。如果別人對我們有所圖謀，我們不能傻乎乎上當受騙，要敏銳地洞悉情況，然後迅速做出應對策略。

與天地精神相往來，並與世俗同處

原文

林間松韻，石上泉聲，靜裡聽來，識天地自然鳴佩；草際煙光，水心雲影，閒中觀去，見乾坤最上文章。

譯文

輕風吹過，山林中松濤陣陣，青石上泉水淙淙。凝神靜聽，就可以體會到天地之間最自然的聲響，猶如玉佩鳴響；草叢上煙霧迷濛，潭水中心雲影倒映，假如忙中偷閒去觀賞，你就能發現天地間最華美的文章。

道法自然。人離不開自然，只有在自然之中，我們的內心才會感到舒暢。唐代詩人王維有句詩寫道：「明月松間照，清泉石上流」，明月清泉都是大自然賜予人類的美好事物，我們完全可以忙中偷閒，去親近大自然，感悟大自然，體會其中的無上樂趣。

如何才能聆聽到山林中的天籟之音呢？其中的訣竅，便是「靜」。一個人必須要有靜的心態，達到靜的境界，才可以看破世俗，悟到真理。

所謂「靜」，就是我們要有一種從容不迫的淡定心態。我們要做到不浮躁，不狂躁，能夠摒除雜念，放空自己，從而領悟自然深處的玄妙真諦。若想抵達這種「靜」的狀態，我們需要平靜地進行自我反省，檢視自己的得失，在形形色色的誘惑面前不迷失方向。如果做到了這些，我們就能做到與天地精神相往來，與世俗和諧相處，但又不糾結於煩惱之間。

關於靜修的境界，《菜根譚》中說：「竹籬下，忽聞犬吠雞鳴，恍似雲中世界；芸窗中，雅聽蟬吟鴉噪，方知靜裡乾坤。」意思就是，竹籬牆下，忽然聽到雞鳴狗叫的聲音，這時就彷彿置身於一個雲霧繚繞的神仙世界；靜坐窗前，忽然聽到蟬鳴鴉啼的聲音，這時才認識到寧靜之中原來藏著一個超凡脫俗的天地。動靜雅俗之間，生活妙趣橫生。

由此可見，與天地精神相往來，是一種人生境界，更是一種人生的智慧。道家代表人物莊子原話為：「獨與天地精神往來，而不敖（傲）倪於萬物，不譴是非，以與世俗處。」意思是，在精神上與天地自由往來，而不蔑視萬物；不要涉足人間是非，但要與世俗之人和平相處。這是一種科學的處世法則。享受山林之美的同時，沒必要遠離人群，我們終究還是活在世俗之中的。不要參與他人的是是非非，和光同塵，照顧好自己的內心，讓自己暢意舒適。

《莊子》中有這樣一個故事：列禦寇為伯昏瞀人（這四個字為古代人名）表演射箭。他將弓拉滿，又在手臂上置放一杯水。不等第一箭抵達靶心，第二箭便已射出，結果箭箭精準，每一支都正中靶心。他立在原地，神色鎮定自若。

誰知，伯昏瞀人面對如此精湛的箭術卻不以為然，說：「你這只不過是『有心射箭』的雕蟲小技，遠沒有達到『無心射箭』的境界。如果你跟我登上高山，腳下是萬丈深淵，那個時候你還能像現在這樣射箭嗎？」列禦寇決定挑戰一下，於是他們就來到山巔之上。當列禦寇手拿弓箭，站在懸崖邊一塊石頭上的時候，嚇得膽戰心驚、汗流浹背，更別提射箭了。

列禦寇射箭的技術是精準無誤的，可是當換了一個環境之後，他就開始手抖心慌。他不缺乏技術，缺乏的是一種與天地精神相往來的精神，一種融入自然、心無旁騖的境界。任何技藝，最高水準已經擺脫技術的門檻，比拼的就是境界的高低。

我們每個人都需要修煉自己的內心，沉靜下來，昇華自己的思想境界。有一天當我們達到一種至高的境界時，自然就能體會到「仁者無敵」的真諦，從而可以「靜聽松濤，閒觀煙雲」了。

《菜根譚》中說：「閒中觀去，見乾坤最上文章。」最好的文章不是在紙上，而是在天地之間，唯有與天地精神相往來的人才能讀懂。關於這個觀點，清代文學家張潮在《幽夢影》也有所描述，他說：「文章是案頭之山水，山水是地上之文章。」好的圖書和文章就像擺在桌案上的山水，而山水則是造物主在大地上書寫的文章。唯有保持閒適安靜的心境，才能領略山水之間、文字之間的妙處，同時徹悟人生的真意。

暢情適性是人間逍遙之法

原文

幽人清事，總在自適。故酒以不勸為歡，棋以不爭為勝，笛以無腔為適，琴以無弦為高，會以不期約為真率，客以不迎送為坦夷。若一牽文泥跡，便落塵世苦海矣。

譯文

雅致不俗的人及清雅的事，完全從自得其樂中而來。所以，飲酒以不勸飲最為快樂，下棋以不爭勝最為高超，短笛以信口而吹最能自得，彈琴以領會琴中之趣最為高雅。朋友約會以不受時間限制最能盡歡，客人來往以不迎送最為親切。如果被繁文縟節所牽，拘泥形跡，就落入人世間無窮的苦境了。

在現實生活中，我們在為人處世的時候，很難跳出世俗禮法的圈子，無法達到古人那種萬事隨心、率意而動的逍遙境界。很多時候，我們都是身不由己。古代有許多「越名教而任自然」的名士，他們崇尚暢遊天地之間，超越儒教的倫理綱常約束，任由自然本性盡情抒發。他們不拘一格，寄情山水，衝破世俗禮法的牢籠，尋求恣情暢意的生活方式，給後人留下許多悠然神往的遐思。如果用今天的眼光來看待和評判，一定會感到瞠目結舌，從而得出截然不同的結論。

看過金庸《笑傲江湖》的人，相信一定會對主角令狐沖印象深刻。令狐沖自然率真，性情放蕩不羈，不為世俗禮法所拘，喜交天下朋友，不論善惡貧賤，只要言語投機，一概傾心交之。

但他從不隨波逐流，不與偽君子岳不群、魔教教主任我行等人同流合污，哪怕是自己的師父或岳父，他同樣能夠劃清界限，在混濁的時代堅守自己的人格底線。

隨性自然，這是快樂生活的秘訣。《菜根譚》中說：「幽人韻事，總在自適其情。」一個人只有暢情適性的時候才是最快樂的，這也是我們所追求的理想的生活狀態。

只不過，生活在現代這個社會中，我們每個人都很難真正做到隨心所欲。儘管如此，在做人處世的過程中，我們仍然可以試著保持一份灑脫的心情，讓自己輕裝上陣、笑傲江湖。

電影《笑傲江湖》（一九九〇年版）的主題曲《滄海一聲笑》的歌詞特別能體現人生逍遙的況味：

滄海一聲笑　滔滔兩岸潮
浮沉隨浪只記今朝
蒼天笑　紛紛世上潮
誰負誰勝出天知曉

江山笑　煙雨遙
濤浪淘盡紅塵俗世幾多嬌
清風笑　竟惹寂寥
豪情還剩了一襟晚照
蒼生笑　不再寂寥
豪情仍在癡癡笑笑

浮沉隨浪，在滄海中豪情大笑，是一種什麼心情？這是一種逍遙樂觀的生活態度，一種灑脫的舒暢情懷。正所謂「星河萬丈波瀾闊，且作人間逍遙客」，人生苦短，何不活得灑脫一些、自在一些？

生在人世間，最逍遙的活法就是隨性自然，少一些刻意雕琢和繁文縟節，很多無關緊要的事情，該割捨的要割捨，該簡化的要簡化。踏著輕快的節拍，按照自己的本性和性情去做人做事。頭上青天白雲飄，滿目青山入眼來，一切盡在不言中。

身心自在的做人境界

原文

古德云：「竹影掃階塵不動，月輪穿沼水無痕。」吾儒云：「水流任急境常靜，花落雖頻意自閒。」人常持此意以應事接物，身心何等自在！

譯文

古代的賢德之士說：「竹子的影子晃過了臺階，而臺階上的塵土絲毫不動；月光照穿池塘，卻不會在池水中留下痕跡。」當今的儒雅之士也說：「任憑流水湍急，心境卻常能保持清靜；雖然花落紛飛，但意念常能保持悠閒。」一個人如果能以這樣的心境應對事物，那麼身心是何等的自由自在！

人生在世，我們一定要有定力，任憑外界如何風吹草動，內心卻始終堅如磐石；時刻懷著一種平和悠閒的淡定和從容，從而達到處變不驚、榮辱偕忘的人生境界。

關於這種境界，《菜根譚》中還有一句名言：「寵辱不驚，看庭前花開花落；去留無意，望天空雲卷雲舒。」另有版本為：「寵辱不驚，閒看庭前花開花落；去留無意，漫隨天外雲卷雲舒。」大意就是，對於一切恩寵和侮辱都看慣不驚，泰然處之，用平靜心態欣賞庭院中花開花落。對於人生中的離去聚留都不在意，心情隨著天空浮雲隨風聚散。哪怕外界風起雲湧，身心都不起波瀾，這樣才有閒看的雅致，自在的逍遙。

正所謂，百花叢中過，片紅不沾身。雖然身處濁世，心中卻不被凡塵薰染，外界的一切都不能擾亂自己的情緒和意念。對於這種心態，古人云：「泰山崩於前而色不改，麋鹿興於左而目不瞬」，意思就是，泰山在眼前崩塌都面不改色，麋鹿突然出現眼卻不眨一下。保持這種鎮定自若的心態，做人做事一帆風順。《三國演義》中曾寫過這樣一個故事：

三國時期，諸葛亮在北伐魏國時，因錯用大將馬謖而導致戰略要地街亭失守，遭受巨大的失敗。街亭是關隴咽喉之地，歷來兵家必爭，戰略位置十分重要。街亭失守，意味著諸葛亮率領的軍隊被徹底孤立，運輸糧草的道路將由此中斷。打仗打的就是糧草後勤，如果糧草後勤保障出現問題，後面的仗就沒法打下去了。因此，諸葛亮面臨著危急考驗。

諸葛亮的對手是魏國大都督司馬懿，他知諸葛亮街亭失守，於是率領十五萬大軍開始反攻。此時諸葛亮帳下只剩下一幫文臣，能打仗的將士只有幾千人。眾人聽到司馬懿殺來的消息驚嚇得面如土色，然而諸葛亮卻不慌不忙、鎮定自若。他傳令眾人將旌旗藏起來，將士都保持沉靜，不要驚慌喧嘩，更不要主動迎戰。大家主動將四方城門打開，每個城門邊都有二十多名百姓打掃街道，其實他們都是士兵裝扮的。諸葛亮披上鶴氅，頭戴綸巾，領著兩個書童坐在城樓之上，若無其事地焚香彈琴。

司馬懿率領大軍來到城牆之下，見到諸葛亮焚香撫琴，從容沉著、身心自在，打掃街道的「百姓」也氣定神閒。他心裡琢磨，諸葛亮肯定在城中設下了埋伏，如冒險進城恐怕正好中計。思索良久，司馬懿決定撤兵離開。蜀軍緊張危急的局面才得以轉危為安。

由此可見，「不以物喜，不以己悲」，不僅是一句名言，更是個人修煉的指導方針。當遇到好的結果時，我們先抑制住內心的狂熱，心中有一個清醒的認識。不要因一時衝動而昏了頭腦，更不可在外物的影響下而扭曲自己。一個人若是因短暫的勝利而不思進取，失去了鬥志，那麼很快就會被隨之而來的形勢所淘汰。

因此，遇到緊急的變故，我們首先要做的就是不驚慌，一旦慌亂了手腳，胸中就全無應對策略。保持清醒的頭腦，深思熟慮地尋求萬全之策，這樣才有可能扭轉局面，使事情不向更加惡劣的局面發展。真正有智慧的人，情緒不因形勢的變化而波瀾起伏，而是能夠始終保持恬靜淡然。

那麼，在現實生活中，我們應該怎麼做呢？曾國藩曾經給出了一個經典的答案，一共十六個字，完全可以做為人生的座右銘：物來順應，未來不迎，當時不雜，既過不戀。

曾國藩這十六字箴言所出原文為：「當讀書，則讀書，心無著於見客也；當見客，則見客，心無著於讀書也。一有著，則私也。靈明無著，物來順應，未來不迎，當時不雜，既過不戀。是之謂虛而已矣，是之謂誠而已矣。」意思就是，讀書的時候，我們的心神全在讀書上，心中不要有一絲接見賓客的雜念；等到接見賓客的時候，心神全集中在接待客人上，心中不要有任何想讀書的雜念。只要有一絲雜念生出來，則私心就跟著起來了。

我們的心靈應當要清透明澈，不要帶一絲雜念，事情來了，我們順應；未來的事情，我們不要刻意去迎合，該來的自然會來。活在當下，專注於當下；過去的事情，不管是好是壞，都不要念念不忘、耿耿於懷。這就是虛空狀態，讓內心不著一物。同時，這就是赤誠之心的境界。

人生至味只是淡

原文

茶不求精而壺亦不燥，酒不求洌而樽亦不空；素琴無弦而常調，短笛無腔而自適。縱難超越羲皇，亦可匹儔嵇阮。

譯文

茶無須精品，飲茶時壺底不乾即可；酒無須奢華清冽，酒樽不空即可；樸素的琴，無須彈出美妙樂曲，經常能調節身心即可；短笛信口亂吹，自得其樂即可。如此人生境界，縱使難以超越伏羲（上古時代的三皇之一），也可與魏晉名士嵇康、阮籍等人的率性相匹敵了。

一個人如果過於追求精緻、完美、奢華，苛求到極致的程度，反而會失去真趣，淪為刻板的形式主義。就像飲茶與喝酒，每個過程都追求完美，像在履行什麼重大儀式，反而會成為一種負擔，猶如鎖鏈的捆綁。留在壺底的茶垢，見證了時光匆匆；淺淺的一絲濁酒，在杯底蕩漾，酒不醉人人自醉。在平平淡淡的時光流逝中，我們品的是人生的滋味，不求奢華的酒具茶具，也不拘泥於名酒名茶。

古代的賢人隱士們，例如魏晉時期的竹林七賢，他們在幽岩之間悠然自得，徜徉山水，縱情自然，不染塵俗之氣，體會天地萬物的真趣。這些人才華橫溢、率真自然，雖然在處世方面有些失誤，但逍遙自在地生活。

春秋時代，謀士范蠡在輔佐越王勾踐消滅吳國之後，急流勇退，悄然歸隱，從此泛舟五湖之上，過著清淡無為的生活。這就是他的睿智之處。試想，如果他癡迷於權勢富貴，最終會被迫捲入險惡的政治漩渦中。勾踐本來就是只可同患難不可同安樂的刻薄君主，如果繼續生存在那樣的政治環境中，遲早要賠上性命。翻開歷史書看看，與範蠡共事多年的好友——文種，最終便遭受了「兔死狗烹」的悲慘結局。

《菜根譚》給出了一味良藥，具體是這麼說的：「熱鬧中著一冷眼，便省許多苦心思；冷落處存一熱心，便得許多真趣味。」意思就是，當我們在熙熙攘攘的熱鬧場中，假如能冷眼旁觀事物變化，就可以節省很多不必要的心思；一個人在窮困潦倒時，仍然能保持一股向上的熱心和精神，就可以獲得人生真正的樂趣。人生至味只是淡，平淡中方可悟真知。宋代文學家、書法家黃庭堅曾在《四休居士詩並序》中記載了四休居士的事蹟。「粗茶淡飯飽即休，補破遮寒暖即休，三平二滿過即休，不貪不妒老即休。」關於四休居士，有這樣一個故事：

四休居士原名孫君昉，是一名醫術高明的太醫，他曾給很多人發藥治病卻不求任何回報。有個叫山谷的人問他：「為什麼叫四休這個名字呢？」四休居士笑著回答：「粗茶淡飯飽即休，補破遮寒暖即休，三平二滿過即休，不貪不妒老即休。」意思就是，能夠吃飽穿暖，平平穩穩過得去，不貪心不嫉妒，心情平和地安度晚年，就這樣漸漸老去，不失為一樁樂事。聽到這樣的回答，山谷讚歎說：「這才是世間真正的安樂法啊！」

少私寡欲，不炫耀，不張揚，做到知足常樂，人生快樂。

珍惜當下，享受人生，這是最真切的生活態度。在《南史・謝惠傳》中，曾生動地記載了南朝時期一個叫謝惠的人，他是一個不喜歡濫交朋友的人，即使是自斟自飲、自娛自樂，也能感受到無限的樂趣。他曾說過這樣一段話：「入吾室者，但有清風；對吾飲者，惟當明月。」什麼意思呢？入我房間的，只有清風；陪我對飲的，唯有明月。即使沒有高朋滿座，只要有清風明月陪伴，我仍然可以怡然自樂。這是一種超凡的生活態度和人生境界。

在生活中，我們讓自己淡泊和灑脫，恬靜地過好每一天，這樣就已是無上的快樂人生。

Chapter

7

從今天開始，讓我們這樣看世界

我們如何看待世界、如何與世界相處，決定了我們將變成什麼樣的人。哲學家尼采在《善惡的彼岸》中說：「與惡龍纏鬥過久，自己也會成為惡龍；當你凝視深淵時，深淵也在凝視你。」要想不局限於小圈子，就要跳出自我看世界，看破功名富貴，看破順境逆境，從而「以萬物付萬物」、「出世間於世間」。

境由心生的含義

原文

欲其中者，波沸寒潭，山林不見其寂；虛其中者，涼生酷暑，朝市不知其喧。

譯文

一個內心充滿欲望的人，能夠讓寒冷的潭水波濤洶湧，即使住進深山老林也無法平靜下來。一個內心欲望很少的人，即使置身盛夏酷暑也會感到涼爽，哪怕住在鬧市之中也不會覺得喧囂。

世無淨土，真正的淨土不在遙遠的天邊，只在我們心中。何處尋覓安靜之所？唯有靈魂深處。面對這個喧囂的世界，我們只有讓自己的心靜下來，才是對自我的更好救贖。欲望太盛，正是狂躁的根源。虛心正念，才能清醒地洞察自我，從而按照本性活好這一生。

人的一生就是與欲望戰鬥的過程，一場不見硝煙的內戰。臉上看似風平浪靜，內心早已翻江倒海。境由心生，一個人有什麼樣的心態，就會看到什麼樣的風景。內心的情緒會嚴重影響這人如何看待這個世界。

有一種吸血蝙蝠，生活在廣闊的非洲大草原。牠是野馬的致命殺手，每當遇見牠，野馬都會不寒而慄。這種蝙蝠究竟有什麼可怕之處呢？其實很簡單，牠依仗自己身體小巧的優勢，趴在野馬的腿上，然後用鋒利的牙齒咬進野馬的肉裡，狠命地吸血。由於感到疼痛，野馬狂躁不已，開始瘋狂地蹦跳和奔跑。無論野馬如何狂跳，蝙蝠都牢不可脫。等蝙蝠吃飽喝足之後，野馬也悲慘地死掉了。

根據動物學家分析，野馬並不是死於蝙蝠的吸血，而是死於自己狂怒的情緒。蝙蝠所吸的血量微不足道，不足以讓野馬致命。真正讓野馬致命的是自己的情緒：暴怒和狂奔，野馬就這樣被自己活活累死。如果牠能讓自己靜下來，保持充足的體力，很容易就能找到驅趕吸血蝙蝠的辦法。

面對吸血蝙蝠，野馬不能掌控自己的情緒，但在現實的煩惱面前，又有幾人能夠保持清醒呢？拿破崙說：「總司令最重要的特質就是冷靜的頭腦。」古往今來真正有智慧的人，總是刻意培養自己的耐心和恒心，不讓自己的內心受到外界事物的困擾，從而失去冷靜的理智。一代名臣范仲淹也曾說：「不以物喜，不以己悲。」這正是「境由心生」

的最好詮釋。

《後漢書》中說：「與善人居，如入芝蘭之室，久而不聞其香；與惡人居，如入鮑魚之肆，久而不聞其臭。」由此可見，我們應該警惕內心與外界環境的關係。心可以從環境中學好，也可以從環境中學壞。主觀能動性可以改變外界環境，人的認知也可以被外界環境所影響，我們不可不警惕和謹慎。人性如素白的絲絹，正如墨子所言：「染於蒼則蒼，染於黃則黃，所入者變，其色亦變。」你想染成黑色還是黃色，就看你身處的環境。

清朝末年，「戊戌六君子」之首的譚嗣同，為了救亡圖存，不願苟且偷生，最終在菜市口被砍頭示眾，然而他的事蹟流傳下來。正是由於胸懷信念，所以他能臨危不懼，面對生死，淡然處之。假如這些人欲念填胸，不能虛心正念，怎麼可能實現偉業？只有做到無欲則剛，心靜如水，才能做到常人無法做到的事情。

關於「境由心生」的道理，儒家經典《禮記・大學》中說：「知止而後有定，定而後能靜，靜而後能安，安而後能慮，慮而後能得。」意思就是，知道要止於至善，然後才能志有定向；志有定向，然後才能心不妄動；心不妄動，然後才能安於目前的處境；安於目前的處境，然後才能慮事精詳；慮事精詳，然後才能達到至善的境界。這句話的意思是：懂得停下來的底線，然後內心才能定下來；內心有定然後才能靜修，靜修然後內心才有所安放，心有所安然後才能注重思考，注重思考然後才能有所獲得。

止、定、靜、安、慮、得，是做人做事的一個優美的邏輯。其中，心定是核心。心不定，萬事皆不能定。我們一定要好好修煉自己的這顆心，讓它有掌控自我的力量。

人工與天然，何去何從

原文

花居盆內終乏生機，鳥落籠中便減天趣。不若山間花鳥，錯集成文、翱翔自若，自是悠然會心。

譯文

花栽種在盆中便顯得缺乏自然生機，鳥被關進籠中便減少天然情趣；這些都不如山間的野花那樣顯得自然豔麗，也不如天空的野鳥那樣自由飛翔，由於它們都自由生存在大自然中，讓人看起來更加賞心悅目。

關於人工與天然之間的關係，戰國時代的哲學家莊子寫過這樣一則故事：

南海有個帝王，名字叫儵；北海有個帝王，名字叫忽；中央的帝王，名字叫混沌。混沌是一個沒有眼鼻口耳七竅的怪物，但卻活得十分自然健康。有一天，儵和忽來到混沌這裡做客，混沌招待他們非常熱情，細心體貼，無微不至。

儵和忽非常感動，決定要好好回報混沌的款待之情。他們兩個商量說：「人都有七竅，這樣才能好好地看風景、聽聲音、吃食物、呼吸空氣，唯獨混沌沒有七竅，看上去好生奇怪，現在就讓我們幫他把七竅鑿出來！」說幹就幹，儵和忽每天勤奮工作，手拿工具，叮叮噹噹，敲敲打打，每天替混沌鑿開一竅。到了第七天，他們幫混沌一共鑿開了七竅，大功告成了。然而等他們仔細一看，混沌已死去了。

自然的狀態，就是真實的狀態，或許不夠完美，但這是一種健康的活潑的生命。李白有詩曰：「清水出芙蓉，天然去雕飾。」足見天然的可貴。

人工智慧是好事，但如果沒有遏制地瘋狂發展，必將是人類的浩劫和災難。做人做事也是如此，如果我們總是活在偽裝之下，不能堅守自己的本真，所說的話，所做的事，都不是出自本意，而是刻意地去表演，那樣我們距離幸福或許會漸行漸遠。

然而，什麼是自然，什麼是人工呢？有這樣一則寓言故事：

一天，河神向北海神請教：「自然是什麼？人為又是什麼？」為了解釋清楚，北海神就打了一個比方：「牛馬一出生，就生有四隻腳，這就是所謂的自然。但如果將一根繩子套在牠們頭上，在牠們的鼻孔間穿上一根韁繩，又給馬釘上鐵蹄，這就是所謂的人為了。」

俗話說：「花盆裡種不出參天大樹，鳥籠裡飛不出雄鷹。」花盆和鳥籠是扼殺天性的劊子手。英雄大多是在亂世誕生的，正所謂「滄海橫流，方顯英雄本色」。越是在沒有約束的環境下成長，人的天性和潛能越容易開發和釋放。

老子在《道德經》第二十五章中說：「人法地，地法天，天法道，道法自然。」他崇尚向天地學習自然之道。所謂自然之道，即自然規律。

老子還有一個觀點，就是認為嬰兒是最為天然的存在，因為還未曾受到世俗的薰染和改造。他在《道德經》第五十五章中說：「含德之厚，比於赤子。」這裡的赤子，就是小孩子的意思，德行深厚的人比得上初生的嬰兒。

他還說：「專氣致柔，能嬰兒乎？」意思就是，專一地修「氣」，讓氣凝聚起來，讓精神和肉體都變得非常柔軟。你能做到像嬰兒那樣精滿氣足神旺嗎？我們成人的天性和真氣大都洩露，填塞了欲望和浮躁，距離自然之道的境界實在太遠了。嬰兒心智未發，尚不懂得掩飾，一切都是率性而為，一舉一動皆天真自然，不知不覺已經與「道」的境界接近。所以，老子希望自己也能像嬰兒那樣，保全天然本性，做一個純真自然的人。無為而治，萬物自然，盡顯本真。

一株植物，我們栽入盆中，長得再茂盛，也不過是微不足道的盆景；可如果它生在天地之間、田野之上，沒人前來干涉，它就可以自由自在地開枝散葉，不必受人剪裁，枝杈可以自由地伸展，說不定能成長為一株參天大樹。

正如龔自珍在《病梅館記》中說：「斫其正，養其旁條，刪其密，夭其稚枝，鋤其直，遏其生氣，以求重價。」為了賺錢，人們不惜採取扭曲天性的方式讓梅樹變得彎曲和古雅，目的就是為了求取高昂利潤。

這樣說來，那麼我們應該怎麼做呢？龔自珍給出了自己的答案。他是這麼做的：「縱之順之，毀其盆，悉埋於地，解其棕縛；以五年為期，必復之全之。」

意思是說，解放被扭曲摧殘的梅樹，毀掉囚禁它們的瓦盆，為它們鬆綁，以五年時間將這些被扭曲被損壞的梅樹恢復，保全它們的天性。

無論我們懂得多少做人的道理，都不是為了扼殺自我天性，相反的，這是為了更好地成全自我，以此庇護真性情和真思想。

當你凝視深淵時，深淵也在凝視你

原文

一念慈祥，可以醞釀兩間和氣；寸心潔白，可以昭垂百代清芬。

譯文

心中存有慈祥的念頭，可以形成天地間溫暖平和的氣息；心地保持純潔清白，可以留給後世百代美好的名聲。

如果問，《菜根譚》全篇講的是什麼？是我們為人處事的圓滑嗎？答案是否定的，處世手段只是人生的工具，人心的修煉才是我們提升人生境界的大道。也就是說，《菜根譚》的本質是提倡修身養性的，是在告訴我們，心善則光明路開，無論是一念的慈祥，還是寸心的潔白，我們都能為自己留下「百世美名」。

慈祥，可醞釀和氣。慈祥是一種善良，與天真或者超然連結在一起。多數情況下，慈祥的人不為惡，非不能，是不為，也是不願。慈祥的人不屑於為非作歹，他們並非不懂狡詐和心計，只是不想濫用這種「正當防衛」和「世俗爭鬥智慧」的權力罷了。

事實往往是這樣的，我們身邊的小孩子是純真的，經過大風大浪、參透人世玄機的很多大人物也是簡單的，正所謂「歷盡千帆，歸來仍是少年」。而那些利慾薰心、一瓶子不滿半瓶子晃蕩的人，則往往最為複雜奸詐。為什麼這麼說呢？因為在小孩子眼中，世界處處是新鮮，處處充滿樂趣和美好；內心強大的大人物，他們早就看透了世間的爭鬥，掌握了處世的智慧，他們深刻明白只有守住人生的正道，才能走得更遠，而不是搞一些歪門邪道的小伎倆。

《論語・述而》中說：「君子坦蕩蕩，小人長戚戚。」意思就是，君子光明磊落、心胸坦蕩，小人則斤斤計較、患得患失。小人雖然橫行一時，但到最後勝出的永遠都是心有光明、心懷慈悲的人。他們心中有光，從不介懷，微笑著面對現實，永遠不喪失對生活的信念。只有這樣，人才不會被周圍的噪音迷失了純真的本性，更不會因為遇到黑暗就失去理智，以惡制惡，以暴制暴，由此讓自己偏離正確的軌道。

哲學家尼采在《善惡的彼岸》中說：「與惡龍纏鬥過久，自己也會成為惡龍；當你凝視深淵時，深淵也在凝視你。」這句話的意思是，如果你與罪大惡極的敵人鬥爭，纏鬥的時間長了，因為過多的關注和瞭解，不知不覺你就會成為類似的人。當你研究邪惡的東西，一心想要破解的時候，這些邪惡的東西會不知不覺侵入你的大腦，侵入你的內心，讓你沾染上邪惡的習性。

人性是複雜的，也是脆弱的，善惡在一念之間是可以轉化的。我們需要摒除外界的左右和影響，讓自己保持內心的潔白。人性之惡是如何產生的呢？主要原因是源於欲望。每個人都有欲望，當欲望得不到滿足時，便與他人有了利益之爭。俗話說：「共患難易，共富貴難。」貧窮患難之際，大家互幫互助，一旦富貴之後，為了利益而爭奪，當初的親人和朋友淪為仇敵。

一代雄主漢武帝，老年時，在長安城內跟自己的兒子大動干戈，最後竟把兒子逼得走投無路，自盡身亡；隋煬帝，為了急於當皇帝掌握大權，竟然不惜背逆倫常，謀殺親父隋文帝，害死哥哥楊勇；唐太宗李世民，由於自己排行老二而無法繼承皇位，竟狠下心腸發動「玄武門之變」，殺死了作為太子的親哥哥李建成和親弟弟李元吉，再軟禁親生父親，逼他讓位給自己；武則天，為了篡奪大唐江山，不惜殺害自己的親生子女，一共殺死三個孩子（兩兒一女），掐死女兒安定思公主，毒死大兒子李弘，逼二兒子李賢自殺，鞭死孫子李重潤、孫女李仙蕙、侄孫武延基，害死親姐姐韓國夫人、外甥女魏國夫人、兩個同父異母的哥哥，以及高宗其他妃子所生的兒子。為了權位和利益的爭奪，可謂心狠手辣。

在二十四史中，如此心狠手辣的事例隨處可見。他們為了權勢如此狠毒，失去了為父為母、為子為女的慈祥仁孝。人的情感並非總是理性，經常充滿感性。人的慈善出於一念之間，罪惡同樣出於一念之間。《菜根譚》中說：「心體光明，暗室中有青天；念頭暗昧，白日下有厲鬼。」我們要守護心中的光明，而不是讓念頭陷入黑暗，淪為白日厲鬼。

如此說來，我們如何才能避免一念之差的惡、而保持內心的慈祥和潔白呢？

著名兒童文學家秦文君在《十六歲少女》中說：「人需要控制感情衝動，熄滅毀滅性的念頭，使激情以理智的方式表達出來，否則便產生悲劇。」也就是說，我們要控制自己的情緒，約束自己的言行，經常在內心裡審問自己。

只有養成反省自身的習慣，檢視每天的行為是否妥當，念頭是否誤入歧途，謹慎行事，內心的「惡」才能得到抑制，內心的「善」則可以被發揚光大。

春日繁華似錦，不如秋日雲白風清

原文

春日氣象繁華，令人心神駘蕩，不若秋日雲白風清，蘭芳桂馥，水天一色，上下空明，使人神骨俱清也。

譯文

春天萬象更新，一片繁華，使人感到心神舒適暢快；但是卻不如秋高氣爽時的白雲飄飄、清風拂面、蘭桂飄香、水天一色，天朗氣清，一片空明，使人的身體和精神都感到明澈、清醒。

自古以來，文人騷客都喜歡將秋天寫入詩詞歌賦中，以此抒發內心的情懷。杜甫詩中寫道：「風急天高猿嘯哀，渚清沙白鳥飛回。無邊落木蕭蕭下，不盡長江滾滾來。」在他眼裡，秋天是充滿淒涼和哀傷的李節。而同為詩人的劉禹錫卻如此寫道：「自古悲秋多寂寥，我言秋日勝春朝。晴空一鶴排雲上，便引詩情到碧霄。」在他眼中，秋天比春天更美好，晴朗碧藍的天，讓人詩情無限，毫無悲傷的調子。

更有一些人，對秋天懷著無限的熱愛，甚至達到了愛之入骨入髓的地步。例如現代文學家郁達夫，曾在文章《故都的秋》中如此寫道：「秋天，無論在什麼地方的秋天，總是好的；可是啊，北國的秋，卻特別地來得清，來得靜，來得悲涼。」、「早晨起來，泡一碗濃茶，向院子一坐，你也能看得到很高很高的碧綠的天色，聽得到青天下馴鴿的飛聲。從槐樹葉底，朝東細數著一絲一絲漏下來的日光，或在破壁腰中，靜對著像喇叭似的牽牛花的藍朵，自然而然地也能夠感覺到十分的秋意。」、「對於秋，總是一樣的能特別引起深沉，幽遠，嚴厲，蕭索的感觸來的。不單是詩人，就是被關閉在牢獄裡的囚犯，到了秋天，我想也一定能感到一種不能自已的深情。」、「秋天，這北國的秋天，若留得住的話，我願把壽命的三分之二折去，換得一個三分之一的零頭。」

事實上，秋天本是客觀存在的自然現象，無所謂悲，亦無所謂喜。為何人們對秋天有著不同的心境呢？國學大師王國維說：「一切景語皆情語。」也就是說，我們關於風景的言語都是內心情緒的表現。一個人怎麼看世界，就流露出此人內心是什麼情懷，可以看出其內心正處於春夏秋冬哪一個季節。

現代生活到處都是享樂的機會，正如春天般絢爛多姿、繁花似錦。可在《菜根譚》看來，繁花似錦的日子卻遠遠不如秋日清涼曠遠。春天的風很暖很柔，容易讓人意醉神迷，從而喪失前行的方向和動力，正所謂「山外青山樓外樓，西湖歌舞幾時休？暖風吹得遊人醉，直把杭州作汴州」。春風沉醉的夜晚不如清醒的秋日早晨，那種雲白風清、水天一色，可以讓人感到神骨清爽。

不僅生活如此，友情也是如此，初見之歡，遠遠不如久處不厭。「長亭外，古道邊，芳草碧連天」，這是送別的淒涼。「桃花潭水深千尺，不及汪倫送我情」，這是朋友之間的繾綣。不論地位懸殊，不論年齡差距，只要懷著一顆真摯的心，雙方就能成為無話不談的知己。正如鐘子期與伯牙的友情，有一種歷久彌新的感動。古人說，君子之交淡如水，小人之交甘若醴（一種甜酒）。君子之間的交往，互相尊重，不苛求，不強迫，不嫉妒，不黏人，雲淡風清般美好。在世俗之人看來，彷彿白水一樣清淡。而小人之間的交往則像甜酒一樣甜蜜濃烈，可一旦遇到利益相關的麻煩，則各顧各的。

我們在人生中應該保持秋天的清醒和理智。停下自己的腳步，平心靜氣地觀察周圍的點點滴滴，享受生活的平淡，追求人生的境界。做人，不勢利；做事，不功利；人生，有理想。撥開春天般花團錦簇的表像，守住秋日般的平淡之美。

南宋宰相文天祥詩云：「人生如空花，隨風任飄浮」、「達人貴知命，俗士空勞形」。繁花之春，終究是空幻的，不若秋日之果來得踏實。拋開那些空洞的、不切實際的想法，用清冷之心去感受日常的點點滴滴，這樣就能體驗到綿長而永恆的生活之美了。

富貴如浮雲——如何看破富貴的本質

原文

鶯花茂而山濃谷豔，總是乾坤之幻境；草木落而石瘦崖枯，才見天地之真吾。

譯文

燕語鶯歌、花草茂盛，山谷中一片豔麗，終究是天地間虛幻的景象；河流乾枯、草木凋零，石崖上一片枯萎，才是天地的本來面目。

春天雖然繁花豔麗，然而不過是片刻虛幻，無法長久地延續下去；秋天雖然蕭瑟蒼涼，卻可以顯露天地的本來面日。雖然如此，人們還是喜歡春天，迷戀於滿園春色，而秋天一到，則心生淒涼之感。這是人的本性。

對於人生，我們要像秋天一樣，看到隱藏的真相。唐朝有一則傳奇故事《枕中記》，值得我們每個人深思。

唐開元年間，有一個道士在投宿旅店時，碰到了一個姓盧的年輕人，兩人萍水相逢，言語十分投機。交談過一陣兒之後，盧生忽然歎息道：「大丈夫生於世間，該當建功樹名，出將入相，列鼎而食。可憐我飽讀經書，到如今卻一無所用。」道長哂然一笑，於是探囊取出一個枕頭，對他說：「今晚你就枕著它睡吧！它可以滿足你的願望！」當晚盧生就枕著道士的枕頭安眠。在恍恍惚惚中，他回到了自己的家。不到數月，他就娶了一位美貌賢慧的妻子，心裡高興得很。到了第二年，他中了進士，仕途上也一帆風順，連升數級。後來他又帶兵南征北討，立下了赫赫戰功，真可謂出將入相。

可惜好景不長，沒過多久，他被同僚誣陷與邊關大將勾結謀反，接著被打入深牢大獄。走投無路之時，他才幡然醒悟：「哎！我家本有良田，足夠吃飽穿暖，何必求祿呢？如今想要回到當初的環境，也做不到了！」

就這樣，盧生一覺醒來，發現自己還在旅店的床上。原來剛才做了一個夢。盧生沉思良久，才對道士拜謝道：「寵辱之道，窮達之運，得喪之理，死生之情，盡知之矣。此先生所以窒吾欲也。敢不受教！」意思就是，恩寵和受辱的規律，貧窮和發達的運氣，獲得和喪失的道理，死亡和生存的心情，我現在全知道了。這是先生要幫我遏止欲望啊，怎麼敢不接受教導呢？說完這番話，他轉身離去。

盧生從這場夢中領悟到不少智慧。夢醒了，一切名利欲望都看破了。《菜根譚》中說：「多藏者厚亡，故知富不如貧之無慮；高步者疾顛，故知貴不如賤之常安。」意思就是，財富聚集太多的人，他們總是在憂慮財產被人奪去，那些身份地位很高的人，總在擔心自己從高處傾顛墜落，可見做官擔驚受怕，還不如平民過得逍遙自在。

白雲蒼狗，富貴如浮雲。世間的道理，如同春去秋來，如果我們看透了功名利祿，就會發現原來不過如此。表面上的繁花似錦，不過是過眼雲煙。莎士比亞說：「再美好的事物，也有失去的一天。」在那轉瞬即逝的剎那芳華面前，我們又何必苦苦挽留呢？與其執著於春天的熱鬧，不如冷靜下來，靜觀秋日風景，看破富貴本質，徹悟人生至理。

看破富貴本質，說起來容易，做起來很難。《菜根譚》中說：「名根未拔者，縱輕千乘甘一瓢，總墮塵情；客氣未融者，雖澤四海利萬世，終為剩技。」意思就是，功利思想沒有徹底拔除的人，即使他輕視富貴榮華而甘願清苦生活，終究也無法逃脫名利與世俗的誘惑；一個受外力影響而不能在內心加以化解的人，即使他的恩澤遍佈於四海以至流傳萬世，說到底也不過是一種多餘的伎倆。

對於功名富貴，愛因斯坦在《我的世界觀》中說：「我從來不把安逸和享樂看作是生活目的本身——這種倫理基礎，我叫它豬欄的理想。」、「人們所努力追求的庸俗的目標——財產、虛榮、奢侈的生活——我總覺得都是可鄙的。」

北宋文學家蘇東坡曾在《滿庭芳・蝸角虛名》中寫道：「蝸角虛名，蠅頭微利，算來著甚乾忙。事皆前定，誰弱又誰強。且趁閒身未老，須放我、些子疏狂。百年裡，渾教是醉，三萬六千場。」意思就是，像蝸牛頭上的觸角和蒼蠅腦袋那麼微小的虛名和利益，值得你爭我奪忙個不停嗎？很多事情很早前都已經定下來了，誰是弱者誰是強者，豈能說得清呢？不如趁著有閒暇時間而且身心還不衰老之際，乾脆放縱一下自己，拋開所有束縛，疏狂一把，盡情地逍遙自在！人生百年，即使每天喝得酩酊大醉，滿打滿算也就三萬六千個日夜罷了。何必為了爭奪一些虛名微利而喪失人生的快樂和幸福呢？

做人要有慈悲心，沒有人是一座孤島

原文

為鼠常留飯，憐蛾不點燈。古人此等念頭，是吾人一點生生之機。無此，便所謂土木形骸而已。

譯文

為了不讓老鼠餓死，就經常留一點剩飯給牠們吃；為了可憐飛蛾撲火而死，夜晚只好不點燈。古人的這種慈悲心腸，就是我們人類繁衍不息的生機。假如沒有這一點兒慈悲心，人類就變成一具具沒有靈魂的軀殼，不過和泥塑、木偶相同罷了。

有人或許對給老鼠留飯、為飛蛾滅燈感到大惑不解，他們心裡會想：「老鼠不是危害人類嗎？牠們偷吃人類的糧食，壞事幹盡，餓死了那是活該！飛蛾也不是什麼好蟲，牠自己愚笨，非要撲火找死，那就讓牠活活燒死好了！」。

上天有好生之德，地球上的所有生物都是生態系統的組成部分。凡任何生命降生到

自我，用萬物的眼睛看萬物，用天下的眼睛看天下，從而讓自己既能做到出世的超然，又能做到入世的世俗。

曾經有一隻青蛙和同伴們一起生活在一條小水溝裡，每天都玩得十分開心。然而，由於天氣大旱，事情不知不覺發生了變化。水溝裡的水越來越少，食物也變得很難尋覓。這隻小青蛙是一隻會思考的青蛙，牠在想一個嚴重的問題：如果水溝沒水以後怎麼辦？到那時肯定是死路一條！不行，我要跳出這裡，尋找新的家園。於是，這隻小青蛙每天都朝水溝外蹦跳，一心要逃出這裡。然而，其他青蛙們都嘲笑牠，牠們在渾濁惡臭的水溝裡嬉戲玩耍，早已習慣了這種惡劣的環境。大家紛紛對小青蛙說：「現在不是還有水嗎？我們都活得好好的，你又有什麼可著急的呢？」

一天下午，小青蛙猛地一跳，終於離開了生養牠的故鄉——小水溝，跳進了距離水溝不遠的一口大池塘。大池塘裡的水香甜可口，而且植物茂密，浮游生物到處都是，全是美味大餐。牠興奮地呱呱叫著，告訴自己的同伴：「快點兒來吧，這裡是一片全新的天地！你們只需蹦跳幾下就可以看到美麗新世界了。」

然而，沒有一隻青蛙聽牠的呼喚。牠們正在臭水溝裡昏睡呢，沒有睡著的一些青蛙回答：「我們從小生活在這裡，早就習慣了，別的地方多可怕啊！」牠們就這樣懶得動彈，一直等到水溝全乾涸了，牠們也隨之餓死。而那隻跳到池塘裡的青蛙，正在自由地游泳，天光雲影陪伴左右。

我們只有敢於跳出自我小圈子，打破思維局限，走進廣闊的新天地，才能改變人生軌跡。或許只需跳幾下就能發現一片新世界，就能找到人生新的轉機。如果想放大自己的格局，那麼就需要做到「就一身了一身」，如此方能「以萬物付萬物，還天下於天下」。自身之外，有著我們無法想像的無限空間，宇宙萬物盡在眼前。

把順境和逆境一視同仁

原文

子生而母危，鏹積而盜窺，何喜非憂也；貧可以節用，病可以保身，何憂非喜也。故達人當順逆一視，而欣戚兩忘。

譯文

孩子出生，母親面臨危險，積累財富卻引來盜賊的窺伺，哪一件令人欣喜的事不伴隨憂愁呢？貧困的生活可以養成節儉的習慣，戰爭年代殘病可以令你保全性命，哪一件憂愁的事情不伴隨欣喜呢？所以曠達的人對待順逆境一視同仁，將悲戚和歡喜同時忘掉。

福與禍，並不是恒定不變的。順境還是逆境，也不是我們所能預料的。福中藏著禍，禍中也藏著福，不必一味地悲觀或樂觀，而是應該坦然面對福禍，笑看人生的順境和逆境。

任何事物都隱含著對立的一面，生機和危機是相對存在的。生機中往往隱含著巨大的危機，而在危機中同樣也蘊藏著無限的機會。若能徹底「不以物喜，不以己悲」，我們就可以自然而然地面對一切，不再盲目地高興或憂傷了。

無論遇到什麼危機情況，我們盡可能淡然處之，無須慌張失措。東晉時期的書法家王羲之，相信無人不知、無人不曉，他有一個「口水救命」的故事，或許可以給我們一些啟發。

東晉大將軍王敦，他有個著名的侄兒叫王羲之。王羲之十歲的時候，王敦經常把他帶在身邊，有時一同就寢。有一天，王敦早早起了床，而王羲之仍貪睡未醒。不一會兒，屬下錢鳳進來，王敦令身邊的親隨都退下，密議叛國起兵的大事，全然忘了王羲之還睡在帳中。

王羲之在床上聽得真切，原來王敦和錢鳳在密謀造反之事，不由得大吃一驚。隨即一想，既然自己聽到，斷無倖免存活的可能。怎麼辦？於是他靈機一動，故意吐出口水，把被褥、床頭和自己的面頰吐得滿是口水，然後繼續假裝熟睡。

王敦與錢鳳密謀興起，忽然想到侄兒王羲之還在大帳裡睡覺，不由得大驚：「糟了！我們密謀造反的話都被這傢伙聽到了，事到如今不得不殺掉這小娃了！」他拿著刀，打開帳子一看，王羲之睡得正香，臉上滿是唾液，被褥都被弄濕了一大片，於是他大為放心，頓時沒有了殺心，而是幫王羲之把被褥輕輕蓋上。

如果王羲之沒有處變不驚的氣度，沒有急中生智的敏銳反應，說不定早就沒命了，更何談以後的書聖呢？如果認真欣賞他的書法，定能從中領略其淡定從容的神韻。

順境和逆境都是人生暫時的階段，人生正常的曲線就是高低起伏的。《莊子・則陽》中說：「安危相易。」意思就是，人生中的平安與危險、順境與逆境都是可以相互轉化。順境並不意味著可以為所欲為，更不意味著可以長久地順遂。而逆境也不是永遠沒有出頭之日，若能居安思危，苦修自己的內力，就會迎來春暖花開、雪融冰消的時刻。

把順境和逆境一視同仁，把災禍和福樂冷靜對待，這才是真正的智者之道。下面這個故事可以說明：

宋朝將領畢再遇在兩軍對壘中處於寡不敵眾之勢，面對敵人數萬精銳騎兵，他如何帶領幾千人馬安全脫身？他並沒有驚慌失措，而是想到一個辦法，命令士兵將數十隻羊的後腿捆綁在樹上，使羊倒懸，又在羊前蹄下放了幾十面鼓。羊腿拼命踢蹬，鼓聲隆隆不斷，敵軍只以為宋軍仍在備戰。畢再遇用「懸羊擊鼓」的計策迷惑敵軍，安全轉移了。

這種臨危不亂、處變不驚的能力，便是對福禍兩面性的透徹理解。《商君書・戰法》中說：「王者之兵，勝而不驕，敗而不怨。」福禍不可避免，順逆不可預料，但我們可以選擇自己的心態。

在經濟學中，有一個霜淇淋定律，值得思考。什麼是霜淇淋定律呢？眾所周知，霜淇淋是人們在夏天的最愛，一旦到了秋冬季節，顧客就會劇減。然而，一些有識之士卻認為，霜淇淋的行銷工作要從冬天開始。為什麼？因為冬天天氣寒冷，很多顧客都不願再吃霜淇淋，即使有少量顧客，也對口味十分挑剔，這樣就會逼得企業想方設法提高品質，推出多樣化產品，讓顧客即使在冬天也願意品嘗霜淇淋。如此一來，只要這家企業能夠在冬天的逆境中活下來，那麼一旦夏天到來，他們就會迎來最好的發展機遇，憑藉優良的品質迅速佔領市場。這就是逆境生存法則。

順境和逆境，都是人生中的滄海一粟。無論順境還是逆境，都需要我們付出努力。

一分耕耘，一分收穫，這才是世間的鐵律。蘇東坡曾寫過一首叫《觀棋》的詩，其中有語：「勝固欣然，敗亦可喜。」人生如同博弈，放寬心胸，知足常樂，內心恬淡，勝負意義不大，而我們是可以用平常心看待自己人生的成敗的。

Chapter

8

撥開迷霧——人生就是悲欣交集

人生猶如迷魂陣，能跳出者又有幾人？漫畫家朱德庸說：「人生就像迷宮，我們用上半生找尋入口，用下半生找尋出口。」

至高的智慧

原文

山河大地已屬微塵，而況塵中之塵；血肉身軀且歸泡影，而況影外之影。非上上智，無了了心。

譯文

山河大地與宇宙空間相比，只是一粒微塵，人類更是微塵中的微塵；我們的血肉之軀相對於無限的時間來說，就像一個泡影那麼虛幻短暫，外在的功名富貴更是泡影外的泡影。如果不具備至高的智慧，就很難有一顆了悟萬物的心。

我們不得不承認，這個世界是少數人在支配大多數的財富。然而，能擁有極大的財富並不是最高的智慧。最高的智者，要能認識到人生「如夢幻泡影，如露亦如電」，從而看穿世界的本質，明白那不過是水花泡影，清醒地看到人生的本質，才懂得生命的真諦。

山河大地是微塵，血肉身軀是泡影，真正功名金銀也是轉眼即逝。不管我們是如何癡迷這個世界，最終還是要離開，這就是「了」。所謂「了」，就是完結，就是終點，就是畫一個句號。若終日只糾結於世間人生，怎可能明白這哲理？

如何理解「山河大地是微塵，血肉身軀是泡影」這句話呢？北宋文學家蘇軾有首詩寫得相當精妙，名為《和子由澠池懷舊》，節選如下：

人生到處知何似，應似飛鴻踏雪泥。泥上偶然留指爪，鴻飛那復計東西。

唯有「上上智」，方有「了了心」，這是一種境界，也是一種能力。擁有上上智的人，首先要有生存的能力，其次才思考世界和人生，洞察世界的本質和人生的真諦。

《菜根譚》中說：「天地中萬物，人倫中萬情，世界中萬事，以俗眼觀，紛紛各異，以道眼觀，種種是常，何須分別，何須取捨。」意思就是，天地間的萬物，人和人之間錯綜複雜的感情，以及世上不斷發生的事情，如果用世俗的眼光觀察，就會感覺變幻不定，讓人頭昏目眩；如果用超越世俗的智慧雙眼去觀察各種事物，就會發現其本質是恒常不變的。

因此我們要修煉自己的智慧，人需要智慧，猶如土地需要水一樣。真正的智慧，除了掌握一種本領，看透世間的規律，還需要時刻保持謙虛的品格。

遍觀古今成敗得失，無不與智慧有關。成功者和失敗者最大的區別，就在於他們思維邏輯和說話做事的方式不同，因此境遇也就有天壤之別。勞心者治人，而勞力者治於人。而且，智者從不自認聰明。

天下沒有不散的筵席

原文

賓朋雲集，劇飲淋漓，樂矣。俄而漏盡燭殘，香銷茗冷，不覺反成嘔咽，令人索然無味。天下事率類此，奈何不早回頭也？

譯文

高朋滿座聚在一起，大家痛飲狂歡，真是暢快淋漓。轉眼之間，計算時間的漏壺已滴盡，蠟燭已燒殘，爐中檀香已焚完，香茶已冰冷，此時開始覺得方才的狂歡豪飲反而有了嘔吐的感覺，令人索然無味。天下很多事情大多如此，為什麼不及早回頭、適可而止呢？

北宋文學家黃庭堅與少年好友黃幾復天隔一方，在書信中寫道：「桃李春風一杯酒，江湖夜雨十年燈。」意思就是，當年在春風下觀賞桃李，共飲美酒，如今江湖落魄，一別已是十年，常對著孤燈聽著秋雨思念著你。天下沒有不散的宴席，哪怕感情再好的朋友，也會隨著歲月的變遷和生活的顛簸而相忘於江湖。

在古典名著《紅樓夢》中，女主角林黛玉天性喜散不喜聚。她說：「人有聚就有散，聚時歡喜，到散時豈不清冷？既清冷則生傷感，所以不如倒是不聚的好。例如那花開時令人愛慕，謝時則增惆悵，所以倒是不開的好。」所以，人以為喜之時，她反以為悲，因為她考慮到了聚散不常的必然。如此思考問題，未免有些悲觀。唯有平淡地看待人生聚散問題，才能看得透、想得遠。相反，賈寶玉的性情則是另一個極端，他只願大家常聚，生怕一時散場，那樣就會帶來無盡的悲傷。對花，他只願常開，生怕一時謝了。

《菜根譚》中說：「苦心中，常得悅心之趣；得意時，便生失意之悲。」意思就是，處在困苦和逆境中時，常能感受到生活的喜悅而覺得樂趣無窮；順心得意時，因為面臨著頂峰過後的低谷，往往潛藏著失意的悲傷。世事也是此理，很多人今朝有酒今朝醉，明日愁來明日愁。樂此不疲，先樂後悲。這就是煩惱。紅塵作樂、春風得意，過程很美，但結局往往很受傷。

凡事終有曲終人散時。轉眼之間，夜靜更深，熱鬧終究要歸於寂靜。歲月匆匆，人生苦短，不如將自己溫暖的愛意給予最愛的人，體會人間的真情。

走進人群，紅塵就是道場

原文

喜寂厭喧者，往往避人以求靜。不知意在無人，便成我相，心著於靜，便是動根。如何到得人我一空、動靜兩忘的境界？

譯文

喜歡寂靜、討厭喧鬧的人，往往避開人群以求安靜。他們不知道，一旦有意避開別人，反而更加執著自身；內心刻意求靜，這正是躁動的根苗。這樣的做法，又怎麼能夠達到人我皆空、動靜兩忘的境界呢？

很多人喜歡安靜，討厭喧鬧嘈雜，刻意迴避身邊的人和事，但不一定真的能讓內心安靜下來。為什麼呢？這是因為真正的靜不在外界，而在內心。如果心不安定，外界再寂靜，仍然擺脫不了躁動。相反，如果一個人內心安靜，那麼即便身在鬧市街頭，依然能夠達到人我皆空、動靜兩忘的境界。

歸隱田園，這是不少中國人的理想。東晉著名文學家陶淵明，為很多人做了榜樣。他辭官歸隱，安身立命於田園，寫下不少膾炙人口的田園詩。他的詩平淡自然、灑脫率真，流露出自己與萬物融合的那份閒適和暢懷。他如此描述自己的心境：「少學琴書，偶愛閒靜，開卷有得，便欣然忘食。見樹木交蔭，時鳥變聲，亦復歡然有喜。」正是這樣的恬淡閒適生活，令不少現代人心嚮往之。

然而處在現代社會中，每個人都不可避免地要和周圍的人和事打交道。我們注定是不能離群索居。必須正視的現實狀況是，遺世而獨立或許是一種幻想。我們要牢記：寧靜與閒適，並非透過外界獲取，而是根植於自己的內心。

如果想求得真正的安靜，不必從外界苦苦尋覓，紅塵就是最好的道場。如果自己的內心躁動不安，即使到寂靜無人的空穀隱居，同樣靜不下來。

所以，修道不必隱身名山古剎，走入人群，用日常事務來打磨自己的心性，不知不覺就會抵達了一種超然的境界。

明朝思想家王陽明說：「人須在事上磨，方立得住，方能靜亦定，動亦定。」一個人要想提高自己的思想境界，不是躲起來，而是走進世俗人群，在做人做事中磨練自己，讓自己想得清、立得住，靜若處子，動若脫兔。而且，任何一件事都是對自己心性的考驗、對自己才華的檢視。

這輩子都要謹記的兩個字

原文

蓋世的功勞，當不得一個矜字；彌天的罪過，當不得一個悔字。

譯文

即便擁有蓋世的豐功偉績，也承受不了一個驕矜的「矜」字，假如因此而驕傲自滿，就很容易要栽跟頭；不少人犯了天大的過錯，也擋不住一個悔恨的「悔」字，只要徹底地懺悔和改正，或許就能贖回自己以前的罪過了。

一個人想平平安安、人生　帆風順，要牢記兩個字。哪兩個字呢？《菜根譚》給出了很好的答案。第一個字是「矜」，驕傲炫耀的意思。一個人不管取得多大的成績，只要是驕矜起來，災禍也就如影隨形了。

第二個字是「悔」，一個人不管犯了多大的過錯，只要是真心悔改，就還有挽救的希望。

驕矜是人生事業的大忌。如果一個人稍微有點兒成績就開始目中無人，就很難發展下去，所獲得的榮耀也只能曇花一現。在歷史上，居功自傲向來都是災禍的源泉，這樣的例子不勝枚舉。

思想家老子，便主張建功而不居功。他在《道德經》第九章中說：「富貴而驕，自遺其咎。功遂身退，天之道。」富貴是人人羨慕的好事，但如果因富貴驕橫無禮，那就是為自己種下禍根。

真正高明的做法是，功成名就之後不居功、不貪位，做到謙虛退讓。這樣做才符合天道規律，可以獲得平安和幸福。否則即使有再大的功勞，驕矜也會將原有的成就毀於一旦。

秦國丞相李斯，為大秦帝國的統一立下了汗馬功勞，可謂居功至偉。然而秦始皇去世以後，他卻鬼迷心竅，驕矜自己的功勞，期望可以長久地保存自己的地位，於是與趙高合謀篡改詔書，將原本要傳給大兒子扶蘇的皇位傳給了胡亥。胡亥上位不久，李斯因位高權重淪為階下囚，並要在咸陽的街頭被施行腰斬的酷刑。臨行前，他流著眼淚對二兒子說：「我好想和你一起回到咱們上蔡老家，牽著黃狗，出東門打獵去，快樂地追逐著野兔。如今還能這樣嗎？」

在生命最後的時刻，李斯渴望做一個平凡、自由而快樂的普通人，但時光卻不能倒流了。如果李斯能夠牢記「矜」字，讓自己不要驕矜，不要居功自傲，不要貪圖更多的榮華富貴，而是能夠功成身退，那麼在歷史上必將留下讓眾人稱頌的美名。作為帝國的幕後操盤手，他的地位不會低於張良、諸葛亮、劉伯溫等人。

悔則是一把刮骨療毒的鋼刀。法國著名思想家盧梭說：「在春風得意之時，悔恨酣然沉睡，而在困苦潦倒之時，它會帶著痛楚的知覺醒來。」悔恨意味著我們開始清醒，開始變得聰明起來。一個人只要肯真心悔過，就擁有了更多的智慧和力量。

商朝時，中華大地遭遇七年大旱，當時的大王商湯請太史占卜。太史占卜之後說，上天怪罪了，應該殺個人來祭天。商湯聽後，表示願用自己祭天。於是他剪髮斷爪（指甲），歷數自己六條罪狀，準備犧牲自己。話才說完，方圓幾十里就降下大雨，解除了旱情。

這個故事是古書上記載的傳說，雖然有迷信的成分，卻傳達出一種態度，一種責任。這正是「仁」的表現。

俗話說：「浪子回頭金不換，衣錦還鄉做賢人。」曾經犯下過錯的人，假如能夠徹底懺悔，洗心革面，重新做人，那麼這種行為比金子都還要寶貴。飛黃騰達之後衣錦還鄉，也千萬不要飛揚跋扈、驕橫炫耀，而是要做一個賢良之人，多做一些對家鄉有益的事情。

浪子回頭，決心做個好人，將給整個社會帶來良好的示範效應。一個懂得悔過和反省的人，其內心是非常強大的。

上到王侯將相，下到芸芸眾生，都有可能會犯錯，但犯錯本身並不可怕，可怕的是沒有悔過之心，不能真心地檢討和反省。

漢武帝是歷史上有名的皇帝，他的一生霸氣沖天，與匈奴決戰到底，為大漢王朝開疆拓土，打出了赫赫威名。然而，萬事萬物都是有兩面性的，窮兵黷武一方面提高了大漢的國際地位，同時也消耗了國家大量的財富。等到他晚年時，國內已經民不聊生了。

這時的漢武帝，深刻認識到了自己的錯誤，於是他做了一件事情：下了一封「罪己詔」，明確向天下人宣示自己犯了罪過，要懲罰自己，以後要改過自新，讓全國人民監督。

皇帝的懺悔，感動了天下百姓，凝聚了民心，開始了又一次休養生息。等到他的孫子漢宣帝繼位時，大漢帝國重新恢復了強大。

漢武帝不愧是千古一帝，能屈能伸。他敢於直面自己的錯誤，敢於向全國人民懺悔和檢討，這種勇氣突顯了他的大格局。

為什麼漢武帝要把自己的過錯昭告天下呢？他默默地記在心裡不就行了嗎？關於這一點，明代思想家王陽明說：「悔悟是去病之藥，然以改之為貴。若留滯於中，則又因藥發病。」意思就是，悔悟是去病的良藥，最寶貴的是知道改正。如果只是把悔恨留在心裡，又會因為藥本身而生病了。

的確如此，說出來讓大家監督，一起努力改正。如果只是在心裡悔恨，天天慚愧自責，就很容易抑鬱消沉。

那麼，如果有人指出了自己的過錯，我們應該怎麼辦呢？是拼命還是掩飾呢？南宋哲學家陸九淵說：「聞過則喜，知過不諱，改過不憚。」意思就是，聽到別人指出自己的過錯應該感到高興，知道自己的過錯應當毫不避諱，改正過錯需要勇氣，不要有絲毫膽怯。如果做到了這些，為人處世就會順利很多。

然而，「悔」並不是萬能靈藥，有些錯一旦犯下，就沒有回頭路了。正所謂「一失足成千古恨，再回頭已是百年身」。到那時，再多的懺悔也無濟於事了。

讓煩惱飛，其實很簡單

原文

斗室中，萬慮都捐，說甚畫棟飛雲、珠簾捲雨；三杯後，一真自得，唯知素琴橫月、短笛吟風。

譯文

住在斗室之中，世間一切憂愁煩惱全都消除，還需要什麼雕樑畫棟、飛簷入雲、珍珠簾子像雨珠般捲起那樣奢侈的住所呢？三杯老酒下肚，純真的本性安然自得，只知在月光下彈著古琴，吹奏短笛，在風中如泣如訴，人生快樂無限。

我們常常總是煩惱太多，每天不是擔心這兒，就是憂慮那兒。然而，如果心安神定，就算住在斗室之間，依然快樂無邊；如果心中焦慮不安，就算住著豪宅，開著名車，腦海裡全是亂七八糟的事，同樣也會心煩不已。「素琴橫月，短笛迎風」，忘卻煩擾俗慮，這才是生活的至高境界。哪怕身居斗室，在孤獨的寂靜裡，沒有世間的煩惱纏身，同樣是人間至樂。

如何才能達到這種境界呢？《菜根譚》告訴我們，一個人需要減少思慮，意念專一，排除干擾，讓思想回歸自然，讓本性呈現。具體來說，就是一個人要有高雅的情趣，而不是只求物欲的滿足。人一旦缺乏高雅的追求，就會被物欲糾纏，產生無窮煩惱。

有一個村莊，人們都在忙碌耕種的時候，但有一個農夫卻無動於衷。人們問他：「大家都在忙著種麥子，你為什麼不種呢？」農夫回答說：「我擔心播種以後不下雨。」當人們都在播種棉花的時候，這個農夫仍然什麼都不幹。人們問他：「你為什麼不種棉花呢？」他回答：「我擔心蟲子會吃。」人們實在無語了，只好問他：「你的田地上到底種了什麼呢？」這個農夫回答：「什麼都沒種。因為總有事讓我擔憂，我要等到完全安全的時候再種點什麼。」

有一個老人，用扁擔挑著大筐走在路上，筐裡裝滿了瓷碗、瓷罐什麼的，原來他是走鄉串戶販賣瓷器的。走著走著，突然一個瓷碗掉出來摔得粉碎。路人一陣驚呼，但老人卻無動於衷，頭也不回地繼續踏步前行。人們感到不可思議，問他：「你的瓷碗摔碎了，為什麼你連看都不看一眼呢？」老人回答：「反正碗已經碎了，就算回頭看一百次也沒用。與其擔憂，不如繼續前行。」

一個思慮過多的人，常常把自己的人生複雜化。明明活得很好，未來光明，卻總是憂心忡忡。這樣的人，深陷眼前的煩惱和未來的擔憂之中，怎麼可能成長突破呢？

而我們如何才能減少思慮，尋得內心的真性情、真快樂呢？首先，我們不能太把日常生活中的煩惱當回事。遇到煩惱之事，靜一靜，想一想，客觀分析利弊。不要誇大問題，甚至造成心理陰影。就像那個農夫一樣，明明可以收穫很好，他卻擔心還沒發生的未來，以至於過度憂慮，讓自己走進一條精神恐懼的不歸路。其次，就算危機真的來了，我們也應站在另外的角度去思考，以此減輕內心的憂慮。請牢記，「危機」就是危險中蘊藏著機會，再壞的事情也總有轉機。

保持著樂觀豁達的心態，內心的思慮就能煙消雲散。這樣一來，我們既不會因為思慮太少，單純到愚蠢的境地，也不會因為思慮太多，複雜到焦慮不堪的地步。如此思考人生，才是一個完美的平衡狀態。

生存是一場戰鬥，而生活則是一門藝術。素琴橫月，短笛迎風，無需豪華的居室和奢靡的衣食，只要沒有太多的憂慮和煩惱，就足以告慰平生。正如宋代名園滄浪亭石柱上的一副對聯所言：「清風明月本無價，近山遙水皆有情。」清風明月都是人間非常美好的東西，它們都是免費的，不需花費金錢就能享受到。天地有大美而不言，能否感受到其中的大美和真趣，關鍵在於是否用一種素淡的心情去體味。

跳出人生的「迷魂陣」

原文

魚得水逝，而相忘乎水；鳥乘風飛，而不知有風。識此可以超物累，可以樂天機。

譯文

魚有了水，才能優哉游哉地遊，但是牠們忘記了自己正置身水中；鳥乘著風力才能自由自在地飛，但是牠們卻不知道自己正置身風中。人如果能識破此中道理，就可以超越物欲的負累和誘惑，從而洞察天機，盡享人生樂趣。

魚在水中，鳥在風中，人在物欲中。我們常常都在欲望中掙扎，但卻看不到物欲的存在。魚擺脫不了水，鳥需要借助風的力量，人同樣需要欲望的刺激。在某種程度上說，欲望也是人類社會前行的助力之一。

然而，魚不知道，水的外面還有更遼闊的世界；人不知道，在物欲中浸泡太久會扭曲變形，迷失自我本性。當局者迷，旁觀者清，我們唯有擺脫物欲的迷局，跳出囚禁自我的小圈子，才能看到生命的博大和豐富，以及生命的真意。

魚的一生都逃不出水的限制，而人則不一樣，人是萬物之靈，有智慧有頭腦，可以思考，跳出自己的圈子看世界。

著名詩人北島曾經寫過一首最短的詩，詩的名字叫《生活》，內容只有一個字：網。生活就像一張網，我們活在其中，就像魚活在水中。縱觀芸芸眾生，每個人都在為生活奔波，不知不覺，人就這樣老了，一生就這樣結束了。

每個人都不可避免地深陷物欲的塵網之中，可以說，人生就像迷魂陣。什麼是迷魂陣呢？請看下面的解釋：

迷魂陣是一種捕魚的「工具」，漁民們七纏八繞，做了一個巨大的漁網迷宮，入口放著香噴噴的誘餌。在欲望誘惑下，魚兒一個接一個游進迷魂陣。牠們游來游去，暈頭轉向，再也找不到回家的路，只能朝著迷魂陣的深處游去。等牠們發現真相，已經注定要成為桌案上的一道美餐。

人生難免遇到迷魂陣，一旦進去就很難出來。漫畫家朱德庸說：「人生就像迷宮，我們用上半生找尋入口，用下半生找尋出口。」我們身不由己地邁進了迷宮深處，從此每個人都在自己人生的迷宮中尋尋覓覓，有些人找到了出口，有些人到死還在困惑碰壁，找不到出口的位置。

置身於迷魂陣中的人很多，但最終的命運卻各不相同。

唐代詩人李賀說：「我有迷魂招不得，雄雞一聲天下白。」意思就是，我有迷失的魂魄無法召回，但我深信，雄雞一叫，天下必定大亮。

如果我們的魂魄在物欲的迷魂陣中迷失了，那麼請讓心中那隻雄雞長鳴，從此喚醒自我，徹悟天機，活出逍遙快樂的人生。

Chapter

9

克服人性弱點 找回迷失的真我

古希臘哲學家德謨克利特說：「動物如果需要某樣東西，牠知道自己需要的程度和數量，而人類則不然。」只要有機會，人人都可能被欲望驅使。這是人性的弱點，關鍵在於能否克服自己人性中的弱點，找回迷失的真我。

賬，只桌上的一頓飯就花了二十兩銀子，不由得口呼「阿彌陀佛」，感歎「這一頓的錢夠我們莊稼人過一年了」。原文是這麼寫的：

周瑞家的道：「早起我就看見那螃蟹了，一斤只好秤兩個三個，這麼兩三大簍，想是有七八十斤呢。」周瑞家的又道：「若是上上下下，只怕還不夠。」平兒道：「那裡都吃？不過都是有名兒的吃兩個子。那些散眾的，也有摸得著，也有摸不著的。」劉姥姥道：「這樣螃蟹，今年就值五分一斤，十斤五錢，五五二兩五，三五一十五，再搭上酒菜，一共倒有二十多兩銀子。阿彌陀佛！這一頓的錢，夠我們莊稼家人過一年的了。」

賈府一頓飯夠劉姥姥一家五六口人的一年開銷，可見奢侈到什麼程度。不過，這還不算離譜的，劉姥姥還吃了一道茄子做的菜，非常美味可口，於是問這道菜是怎麼做的，鳳姐的回答讓劉姥姥大開眼界，幾乎驚掉了下巴。

鳳姐兒笑道：「這也不難。你把纔下來的茄子把皮籤了，只要淨肉，切成碎丁子，用雞油炸了，再用雞肉脯子合香菌、新筍、蘑菇、五香豆腐乾、各色乾果子，都切成丁兒，拿雞湯煨乾，將香油一收，外加糟油一拌，盛在磁罐子裡封嚴，要吃時拿出來，用炒的雞瓜子一拌，就是了。」劉姥姥聽了，搖頭吐舌說：「我的佛祖！倒得十來隻雞來配它，怪道這個味兒！」

賈府裡的公子哥們，每天被如此奢侈的物質生活腐蝕著，逐漸喪失了鬥志，心中充滿欲望，整日勾心鬥角，甚至就像焦大所罵的那樣：「要往祠堂裡哭太爺去，那裡承望到如今生下這些畜牲來！每日偷狗戲雞，爬灰的爬灰，養小叔子的養小叔子，我什麼不知道？咱們『胳膊折了往袖子裡藏』！」當年跟著賈府老太爺在戰場上出生入死打家業的焦大都看不下去了，恨鐵不成鋼。

西漢文學家劉向說：「嗜欲者，逐禍之馬也。」如果一個人或一個家族被欲望掌控，那就意味著大禍臨頭了。中國歷史上，不乏一些位極人臣的王侯將相，他們得到了尊貴榮耀，功名利祿樣樣不缺，可仍舊不知滿足，得隴望蜀。欲望的魔手企圖伸向權力的最高層，妄圖謀反篡位，最終落了個身首異處的下場。

欲望，是人的本性。人有了欲望，才會有理想，才會為實現自己的理想去拼搏、去奮鬥。所以，欲望是一個人實現自我價值的動力之一。可凡事都有一個限度，欲望若是太盛，迷了心竅，最終被欲望所害。古希臘唯物主義哲學家德謨克利特說：「動物如果

「不過兩船而已，一艘為名，一艘為利。」

由此可見，名利影響著這個世界，大多數人都無法放下名利的誘惑。關於名利，西漢司馬遷在《史記・貨殖列傳》中說：「天下熙熙，皆為利來；天下攘攘，皆為利往。」可見，汲汲營營於名利，是古今世人共同的追求。

然而，名利也是殺人的鋼刀。歷史上眾多王侯將相，因名利而殞身者比比皆是。人總是控制不住自己的欲望，最終被名利羈絆了一生。關於欲望，《紅樓夢》裡的《好了歌注》說得好：

陋室空堂，當年笏滿床；衰草枯楊，曾為歌舞場。蛛絲兒結滿雕粱，綠紗今又在蓬窗上。說什麼脂正濃、粉正香，如何兩鬢又成霜？昨日黃土隴頭埋白骨，今宵紅燈帳底臥鴛鴦。金滿箱，銀滿箱，轉眼乞丐人皆謗。正歎他人命不長，那知自己歸來喪！訓有方，保不定日後作強粱。擇膏粱，誰承望流落在煙花巷！因嫌紗帽小，致使鎖枷扛。昨憐破襖寒，今嫌紫蟒長。亂烘烘你方唱罷我登場，反認他鄉是故鄉。甚荒唐，到頭來都是為他人作嫁衣裳！

手拿笏板（古代大臣上朝時手上所拿的竹板／玉板或象牙板，可以用於記事）上朝的大臣住宅，如今變成了陋室空堂，歌舞場變成了野草叢生的荒地，達官富人的豪宅成了無人居住的廢墟，長滿蛛絲，無人問津，不復當年的繁華和熱鬧。當年曾金銀滿箱，到處被人奉承和誇讚，誰知轉眼之間淪落為乞丐，人人都開始誹謗說壞話，世態炎涼令人寒心！正在討論別人命不長，誰知大禍降臨，喪事落到自個兒頭上。對兒子教訓有方，說不準長大以後做強盜。對女兒百般呵護，好吃的好穿的寵著她，誰能想到長大以後淪落到煙花巷。更有些人嫌棄自己的烏紗帽太小，開始為非作歹，結果扛上枷鎖。也有些人昨天穿著破棉襖被凍得瑟瑟發抖，今天就開始嫌身上的華麗官服太長了。這個世界就像一個大舞臺，你唱完之後我再登場，一個個都在欲望中迷失，把別人的家園認作了自己的故鄉。這是多麼荒唐的事情啊，到頭來我們的一生都在為他人做嫁衣裳。

關於功名富貴，還有一首詞，表達的也是對功名富貴的深刻理解。詞牌名是《西江月》，作者是明代著名文學家楊慎，就是《三國演義》開篇詞的作者。這首詞的內容如下：

道德三皇五帝，功名夏後商周。五霸七雄鬧春秋，秦漢興亡過手。青史幾行名姓，北邙無數荒丘。前人田地後人收，說甚龍爭虎鬥。

功名富貴正如過眼雲煙，無論是三皇五帝的道德，還是夏商周的功業，以及五霸七雄、秦始皇、劉邦、項羽等人，他們都為了爭奪功名富貴鬧騰了一輩子，無非是在歷史上留下幾行姓名，在北邙山留下一座座墳丘。其最後的結果，都是為後面的人做嫁衣裳，正所謂，前人田地後人收！這話說得多麼透徹，可謂一針見血。如果能看破其中玄機，就進入了超凡入聖的境界，獲得了一種神遊萬物的自由精神。

然而，對我們世人來說，「放下」這兩個字，說起來容易，真正做到卻很難。「放下」的智慧，多出現於哲學中。老子曾說：「五色令人目盲，五音令人耳聾。」強調追求聲色犬馬，容易讓人迷失。儒家講：「知止而後有定，定而後能靜，靜而後能安，安而後能慮，慮而後能得」。「止」，即停止，也就是放下。

一個人如果懂得放下和割捨，事態就會朝著對自己有利的方向發展。例如，在為人處世中，我們比別人更願意吃虧，更願意分享，不為一些雞毛蒜皮的小事而斤斤計較，因此贏得一個良好的口碑，人際關係也會越來越順。放下功名富貴之心，不為追求虛名而招致實實在在的災禍，才是真正的大智之人。

人生當斷就斷，永遠沒有最好的時機

原文

人肯當下休，便當下了。若要尋個歇處，則婚嫁雖完，事亦不少，僧道雖好，心亦不了。前人云：「如今休去便休去，若覓了時無了時。」見之卓矣。

譯文

人不論做什麼事，在該罷手不幹時，就要下定決心結束。假如猶疑不定想找一個好時機，那就像男女結婚，雖然完成了終身大事，以後家務和夫妻兒女之間的問題還是很多。別以為和尚道士好當，其實他們的七情六欲也未必完全沒有。古人說得好：「現在能甘休，就趕緊甘休。如果說找個機會甘休，恐怕就永遠沒有甘休的機會了。」這的確是一句極為高明的見解。

猶豫不決是人性的弱點。做人做事，就怕欲走還留，斬不斷理還亂。所以，遇到一些棘手的事情，我們一定要該了就了，當斷則斷。有些事情，如果我們認為當停止時，

關於這點，《紅樓夢》中的《好了歌》，也有類似的描述：

世人都曉神仙好，惟有功名忘不了，古今將相在何方？荒塚一堆草沒了。世人都曉神仙好，只有金銀忘不了，終朝只恨聚無多，及到多時眼閉了。世人都曉神仙好，只有嬌妻忘不了，君生日日說恩情，君死又隨人去了。世人都曉神仙好，只有兒孫忘不了，癡心父母古來多，孝順兒孫誰見了？

《好了歌》言辭通俗，內涵豐富，告訴我們人生該了的時候必須得了，該斷的時候就要斷，如此方可從紅塵中超脫出來，獲得大徹大悟的人生智慧。《紅樓夢》中對此給出的結論是：「世上萬般，好便是了，了便是好。若不了，便不好，若要好，須是了。」了斷是幸福的必備法寶，如果糾結不放，就會陷入煩惱之中。

《菜根譚》中說：「如今休去便休去，若覓了時無了時。」這正是一種高明的人生態度。

從古至今，只有那些明達事理的非凡人物，才能看透這一關。他們一旦了悟，萬事都可以甘休，沒什麼值得計較的。在選擇面前，他們當斷則斷，絕不猶豫，這才是智者的人生態度和處世哲學。

不浮躁的智慧——靜坐冥想讓你返璞歸真

原文

人心多從動處失真。若一念不生，澄然靜坐，雲興而悠然共逝，雨滴而冷然俱清，鳥啼而欣然有會，花落而瀟然自得。何地非真境，何物無真機？

譯文

人的心靈大多從躁動處失去本真。假如雜念不生，做到靜坐凝思，一切念頭都會隨著天際的白雲悠然消逝；伴隨著雨點的滴落，心靈會被洗滌得清爽乾淨；聽到鳥語呢喃，就會欣喜地心領神會；看到花瓣飄落，就會有一種悠然自得的心情。天地之間哪裡不是美妙仙境？哪一種事物不蘊含著天然的生機呢？

為什麼人心會浮躁不安呢？從本質上說，源自世人過於旺盛的功利心。世人給自己定的目標太高，但一時間又無法達成成，於是就開始心浮氣躁起來。打一個比方，浮躁就像一隻猛撞玻璃窗的蜜蜂，牠的前途看似一片光明卻無路可走，為了看得見卻得不到的光明，一次又一次撞擊。蜜蜂過於浮躁，喪失了智慧和理智，迷失了自己的方向。

那麼，我們如何才能去除浮躁，尋回真我呢？《菜根譚》給出的解決方案是澄然靜坐。用現代的白話來說，就是靜坐冥想。靜坐冥想是一種凝聚心神的方法，有助於訓練感知力、專注力、想像力，放鬆神經，療癒身心。一般方式是：閉上眼睛，讓呼吸富有節奏，自然而舒緩。暗示自己放鬆，或者讓自己在腦海裡想像各種情景，讓自己成為旁觀者，來觀照自己的身體和人生。透過這種方式，我們的感官系統將更加敏銳。雨水滴落的聲音，鳥兒的鳴唱，以及微風吹動，一切都有了別樣的感覺。

關於靜坐冥想的作用，曾經有這樣一個故事：著名的文學家、歷史學家、書法家郭沫若，年輕時的身體十分虛弱。這是因為他在年幼時曾得過重病，後來在日本留學期間又不慎感染傷寒。然而，在先天不足、後天受損的情況下，郭老最後卻享有八十七歲的高齡。他的養生秘訣到底是什麼呢？其中重要的一個原因就在於他長期堅持靜坐養生法。

郭沫若的靜坐養生習慣開始於一九一四年初，那時他正值日本留學期間。由於學習壓力太大，他患上了嚴重的腦神經衰弱，總是感到莫名的心悸、乏力、失眠多夢，而且記憶力大大下降。為此他陷入痛苦悲觀之中，精神瀕臨崩潰的邊緣。不過好在天無絕人之路，一九一五年九月的一天，郭沫若無意中來到東京一家舊書店，發現一部《王文成公全集》。王文成公即明代的思想家王陽明。翻閱之後，他愛不釋手，不惜以重金購買連夜拜讀。在書中，郭沫若讀到王陽明以「靜坐法」調養身體的文字，於是他自己也開始嘗試靜坐。每天早上起床後和夜晚臨睡前，分別靜坐三十分鐘。效果立竿見影，不到半個月時間，郭沫若的失眠症就好了，而且連胃口也變好了。

對於靜坐的作用，郭沫若如此寫道：「靜坐於修養上是真有功效，我很贊成朋友們靜坐。我們以靜坐為手段，不以靜坐為目的，是與進取主義不相違背的。」由此可見，從古至今靜坐都是中國人調理身心的有效方式之一。

俗話說：「靜能生慧。」靜坐冥想是生出智慧、調整心態的好辦法。在靜坐冥想中，我們可以讓身心徹底放鬆，直面真實的自己。靜坐冥想之後，我們的頭腦將非常清醒、乾淨和敏銳。

有人曾這樣描述自己靜坐冥想的感受：「如果你坐下來觀察，就會感覺到大腦是多麼不安。如果你試圖讓它靜下來，它反而會使事情變得更糟，但隨著時間的推移，它會平靜下來。當它平靜下來後，你的直覺開始綻放，你能夠更清楚地看待事物，更多地去關注當下。思維慢下來，你將比以前看到更多！」靜坐冥想，可以釋放內在的潛能，發現自己。

《菜根譚》中說：「風恬浪靜中，見人生之真境；味淡聲稀處，識心體之本然。」意思就是，在寧靜的環境中，可以發現人生的真正境界；在粗茶淡飯的素簡生活中，可以洞見內心的本來面目。在靜坐冥想中，我們可以讓自己去除多餘的東西，讓心靈返璞歸真。

建議大家試試每天靜坐冥想十分鐘，幫助自己遠離塵囂，清空頭腦裡的思慮雜念及負面情緒，同時改善身心疲憊，減少煩惱，減輕痛苦，重新恢復精力和活力。

禪的真諦——如何保持內心的澄澈

原文

性天澄澈，即饑餐渴飲，無非康濟身心；心地沉迷，縱談禪演偈，總是播弄精魂。

譯文

本性清明和純粹的人，餓了就吃，渴了就飲，這一切都是為了保證身心健康；心中迷亂糊塗的人，即使他們整日談禪說佛，其實都是在浪費自己的精力而已。

保持自己本性的清明和純粹，是我們立足於人世間最重要的事情。無論是在何時何地，我們要遠離物欲，不被外界喧囂所左右，造成自我思想的迷亂。

《金剛經》中說：「若以色見我，以音聲求我，是人行邪道，不能見如來。」意思就是，如果執著於看到佛的色相、聽到佛的聲音，以這樣的方式追求佛的智慧，這是世人走上了錯誤的道路。執著於外在，脫離內心去求法，是不可能見到真智慧的。唯有放下妄想執著，拋棄外在的形式，並且回歸自己的內心，才能夠明心見性，修成一位真正的智者。

曾經有一個和尚，問了師父同樣的問題：「禪是什麼？」師父回答：「禪就是吃飯的時候吃飯，睡覺的時候睡覺。」

沒有什麼高深的理論，簡單而直接。餓了就去吃飯，渴了就去喝水，睏了就去睡覺，心中沒有雜念，篤定不變地做一件事情，自然而然，不知不覺之間，就能夠獲得了人生的圓滿。

《菜根譚》中說：「禪宗曰：饑來吃飯倦來眠。詩旨曰：眼前景致口頭語。蓋極高寓於極平，至難處於至易。有意者反遠，無心者自近也。」意思就是，禪宗的思想是指：一個人餓了就吃飯，睏了就睡覺。寫詩的宗旨則是指：多寫眼前景致，多用一般人聽得懂的話。

由此可以看出，高深的哲理，大都來自平常的生活；最難的事情，要從最容易的地方做起。去除刻意之心，自然抵達最高境界。

過於妄想和執著，都是天性不夠澄澈的表現。只有放下這些，回歸事物的本來面貌，才能返璞歸真。

在現實生活中，我們萬事不強求，跟著內心的本原走，因緣自悟，讓自己的本性回歸澄澈，自然能體會到人生的美好。

在物我兩忘的境界裡找回真我

原文

當雪夜月天，心境便爾澄澈；遇春風和氣，意界亦自沖融。造化人心，混合無間。

譯文

在明月當空的雪夜裡，心境也如皓月與白雪一樣清澄明澈；當溫和的春風徐徐吹來，人的心意也隨之沖淡融合。可見，大自然與人心從來都是混合交織，親密無間。

下過雪的夜晚，明月掛在天空，和暖的春風，正是大自然的美妙。人遇到這樣的環境，心境與自然環境相互融合，而達到一種天人合一的境界。

《菜根譚》中說：「人心有個真境，非絲非竹而自恬愉，不煙不茗而自清芬。須念淨境空，慮忘形釋，纔得以游衍其中。」意思就是，人的內心深處保留一個本性真實的境界，即使沒有絲竹管弦等音樂來娛樂，自己也會感到舒適愉快，不需焚香烹茶也會感到滿室清香。內心清淨虛空，忘卻紛雜的思慮和念頭，釋放形體的束縛，如此才能自由自在遨遊在世界之中，不知煩惱為何物，不在意衰老和死亡的到來。

因此，要想找回自己內心的寧靜和美好，就得像大自然一樣，使自己的內心像雪一樣白，月一樣明，春風一樣和氣。這些如詩如畫的比喻，描繪的是修身養性達到一定境界的樣子。當修行到了這個境界，無論遇到任何逆境，都能從容面對，不急不躁，坦然面對一切風雲變幻，知道自己是誰，要去往何方，想要什麼，不想要什麼，從而獲得心靈的解脫和自在，真正徹悟生命。

美國作家梭羅，因為厭倦了都市生活，為了追求一種天人合一的人生境界，做了一個驚世駭俗的決定，他來到華爾騰湖邊隱居，並寫下了一本流傳後世的名著，叫作《湖濱散記》。書中有一些睿智的語句，道出了永恆的生命哲學：

我們的天地足夠廣闊：地平線並非觸手可及，密林和湖泊亦非近在咫尺，中間總有空地。這是我個人的一方天地，這裡有屬於我自己的太陽、月亮和群星。從未有人夜間途經小屋，更不會有人深夜敲門，我遺世獨立，好似太古之初、世界之末僅有的人類。

有時，在夏日的清晨例行沐浴後，從日出到日中，我一直坐在灑滿陽光的門口，沉湎於幻想的世界。四面是松樹、漆樹和山胡桃樹，鳥兒在周圍歌唱，不時悄悄地掠過房頂，幽靜籠罩著這裡，直到太陽斜傾西窗，或遙遠的大路上傳來旅人馬車的喧嘩，我才意識到光陰的推移。好似玉米成長於暗夜，我在夏天獲得了滋養，這遠勝於雙手操持的任何事功。

不管生活有多鄙陋，直面而生，切勿逃避，不必認為艱辛。人在豪富之日便是赤貧之時，挑剔的人身在天堂也會吹毛求疵。縱然生活窘迫，也應該滿懷熱情，即使身處寒舍，也應該享受歡樂、興奮和榮耀。

我希望世界上會有盡可能多種不同的人。我希望每個人都能小心尋找和追求自己的道路，而不是走著他父親、母親或者鄰居什麼人的老路。

什麼才是真正的快樂呢？如果讓梭羅回答，一定能夠聽到不一樣的答案。在梭羅眼中，自然是美好的，人的本性是崇高的，每個人都可以擁有與眾不同的人生，都可以走出自己獨特的道路。對梭羅來說，華爾騰湖就是這樣一個所在。對現實中的你我來說，同樣需要找到屬於自己的「華爾騰湖」。

Chapter

10

齊家的智慧——家族興盛的忠告

家族興盛的秘訣是什麼？孟子說：「道德傳家，十代以上；耕讀傳家次之；詩書傳家又次之；富貴傳家，不過三代。」要想家庭和睦、家族興盛，留給孩子金山銀山不如教給子孫做人做事的品德、規矩和學問。這些才是留給後輩子孫的真正財富。

血濃於水，親情不要摻和利益

原文

父慈子孝，兄友弟恭，縱做到極處，俱是合當如此，著不得一絲感激的念頭。如施者任德，受者懷恩，便是路人，便成市道矣。

譯文

父慈子孝，兄友弟恭，這樣的人倫規範，就是達到了完美無缺的境地，也是應當如此，而不應心存一絲感激的念頭。如果不是這樣，施者自以為有德於人，受者自以為受恩於人，那就不是家人了，而是路上的陌生人。親情關係也就變成買賣關係了。

人與人之間的關係很複雜，有著各種各樣的「情」，但不管時代怎麼變化，親情都是最重要的。家人是這個世界上與我們血脈相連的人，彼此之間的感情，是天然形成的自然之情，不需刻意追求結果和回報。在所有的親情之中，父母與孩子、兄弟姐妹之間的感情最為真摯感人，正所謂血濃於水。

三國時期，曹操殺了才華橫溢但自作聰明的楊修，事後覺得有點兒對不起楊修的父親楊彪，於是就送了很多禮物給他。後來有一天，曹操親自去看望楊彪，本以為他應該從悲痛中走出來了，見到楊彪後他大吃一驚，因為楊彪已經瘦得幾乎不成人形了。曹操問：「你怎麼瘦成這樣了？」楊彪回答：「我很慚愧，慚愧自己沒有先見之明。現在我還像老牛疼愛小牛一樣，對楊修懷著割捨不斷的父子之情啊！」曹操聽後，不禁也感到有些淒涼。歎氣之餘，他羞愧得說不出話來，悔恨自己一時衝動殺了人家的兒子。

舐犢之情（老牛舔舐小牛犢的疼愛之情）是動物都有的一種情感，更何況為萬物之靈的人類呢？從某種意義上說，親人之間的感情，原本出於人性本能，如果非要把這種愛加上利益的砝碼，那就玷污了親情的純粹和神聖。

唐山大地震時，一家三口被埋在坍塌的屋子裡，媽媽當場喪命，爸爸和九歲的兒子分別被石塊壓住，二人所困之處相距幾米遠。由於空間狹窄封閉，四周都是黑暗一片。此時兒子身體疼痛，加上恐懼，開始嚎啕大哭。爸爸則在不遠處安慰著兒子，不停地陪兒子聊天、講故事、說笑話，鼓勵兒子要勇敢堅持，告訴兒子救援人員很快就會到來。

在父親的安慰下，兒子漸漸平靜下來，情緒不再激動，也不再害怕。外面的世界，由喧鬧歸為寂靜，從白天變成黑夜，父親充滿希望的話語仍在耳邊響起。三十七個小時之後，救援人員找到了他們。救援人員先救出兒子，幸運的是兒子身體並無大礙。隨後，救援人員開始救援爸爸，救上來之後，大家都震驚不已！原來這個一直激勵兒子的父親，從右肩到右腿，早被一根水泥柱砸得血肉模糊。他充滿愛意地望了兒子一眼，一句話也沒說就過世了。

我們的人生中除了自我的成長，還有家人和朋友。我們不是孤單一個人，我們的背後站著很多關心我們以及需要我們關心的人。當我們幸福時，親人也會幸福；當我們悲傷時，親人們也會悲傷。不管遇到什麼困境，我們都不要辜負父母的厚愛、兄弟姐妹的呵護、親人的關心以及朋友的支持。

英國劇作家蕭伯納說：「家是世界上唯一隱藏人類缺點與失敗，而同時也蘊藏著甜蜜之愛的地方。」在家裡，我們的缺點和失敗被容忍，我們感到溫暖、安全和甜蜜。這是我們療癒身心的最佳場所。

當然，家家都有一本難念的經。幸福的家庭都是相似的，不幸的家庭各有各的不幸。在現實生活中，有不少人並不愛護家庭，也不珍惜親情。曾獲得聯合國「和平獎章」的池田大作曾說過：「社會是戰場，是令人不斷處於緊張狀態的舞臺，而家庭則是心靈唯一的綠洲和安憩之地。」因此我們應當重視家人之間的情感，有空常回家看看父母，與兄弟姐妹多聚聚，讓自己的心靈得到安定與滋養。

給子孫金山銀山，不如讓他們自己去奮鬥

原文

問祖宗之德澤，吾身所享者是，當念其積累之難；問子孫之福祉，吾身所貽者是，要思其傾覆之易。

譯文

要問祖宗給我們留下什麼德澤，只要看看我們現在所享受的生活就知道了，所以應該時時感念祖先積德累善是多麼艱難；要問子孫將來會享有什麼福祉，只要看看我們此生能給他們留下什麼恩澤就知道了，所以需要經常想想敗德傾家是多麼容易。

為後世子孫留下金山銀山，不如給孩子留下美好的道德，樹立優良的家風傳統。如果後世子孫能夠繼承道德準則和家風傳統，做人做事像先輩一樣優秀，那麼有無留下金山銀山其實也沒多大必要。當代詩人韓東寫過一首詩，叫做《山民》：

小時候，他問父親「山那邊是什麼」父親說：「是山」

「那邊的那邊呢？」「山，還是山」

他不作聲了，看著遠處　山第一次使他這樣疲倦

他想，這輩子是走不出這裡的群山了　海是有的，但十分遙遠

所以沒等他走到那裡　就會死在半路上

死在山中

他覺得應該帶著老婆一起上路　老婆會給他生個兒子

到他死的時候　兒子就長大了　兒子也會有老婆　兒子也會有兒子

兒子的兒子還會有兒子　他不再想了

兒子也使他很疲倦

他只是遺憾

他的祖先沒有像他那樣想過　不然，見到大海的該是他了

山民因為理想不能實現，怪罪祖先沒有為自己打下好的基礎。其實，這樣去怪罪祖先是沒用的，因為任何事都要靠自己去努力。山民不想做艱苦的長途跋涉，只想享用現成的福澤。「他只是遺憾，他的祖先沒有像他一樣想過，不然，見到大海的該是他了」——他把見不到大海的責任歸結到自己祖先頭上了。然而，他自己又為下一代做了什麼呢？他只是抱怨而已，幻想在祖先的幫助下，自己輕輕鬆鬆地看到了大海。

歸根結底，許多人都有過這樣的想法：如果我老爸是個億萬富翁就好了！如果我爸是個市長就好了……

當今有些父母總是寧可苦了自己，也要滿足孩子的願望。對孩子的要求，父母真可謂有求必應。孩子大學畢業，找不到工作，就待在家裡白吃白喝，甚至三十好幾的人了，只知道衣來伸手，飯來張口。

作為父母，是否應該為孩子積攢錢財呢？對於此，清代林則徐的做法堪稱現代人的榜樣。曾經有人勸林則徐為子孫後代多留些金銀財富，他說了一段經典的話：「子孫若如我，留錢做什麼？賢而多財，則損其志；子孫不如我，留錢做什麼？愚而多財，益增其過。」林則徐認為，如果子孫像我一樣優秀，我留下錢財能做什麼呢？我給孩子們留下很多錢財，如果他們是賢良的人則會損耗他們奮鬥的意志。如果子孫不如我，留下錢財到底有什麼用呢？如果他們是愚蠢的人，我卻給他們留下很多錢財，那他們更會胡作非為，不是增加他們的罪過了嗎？即使我們留給子女一座金山銀山，如果他自己不爭氣，也會有「坐吃山空」的一天。我們不如教孩子做人的道理和做事的方法，這才是能讓他們受用一生的遺產。

為什麼「富不過三代」？孟子給出了解釋：「道德傳家，十代以上；耕讀傳家次之；詩書傳家又次之；富貴傳家，不過三代。」也就是說，傳給孩子富貴不如培養孩子道德，教孩子讀書。

《菜根譚》中說：「富貴名譽，自道德來者，如山林中花，自是舒徐繁衍；自功業來者，如盆檻中花，便有遷徙興廢；若以權力得者，如瓶缽中花，其根不植，其萎可立而待矣。」意思就是，一個人的富貴名聲，如果是從道德修養中得來的，那就如同生長在山嶽樹林中的花草，會不斷繁衍，綿延不絕；如果是依靠建功立業得來的，那就如同栽種在盆景柵欄中的花草，只要移植，花木的成長就會受到嚴重的影響；假若是靠權位和勢力得來的，那就是如同插在瓷瓶瓦缽中的花草了，由於它的根部沒有深入到泥土中，所以很快就會凋零枯萎。富貴傳家是一時的，猶如曇花一現，而道德傳家則會如松柏常青。

真正的有識之士都認同一個道理，富貴不應該來自祖先的賜予，而應該憑藉自己的能力去爭取。

教育家陶行知說：「流自己的汗，吃自己的飯，自己的事情自己幹，靠天靠地靠祖上，不算是好漢！」如果自己不爭氣，只是靠祖宗吃飯，即便暫時風光，也終究不會長久。做人的品德、規矩和學問，才是留給後輩子孫的真正財富。

非暴力溝通——解決家庭矛盾的好方法

原文

家人有過，不宜暴揚，不宜輕棄。此事難言，借他事隱諷之。今日不悟，俟來日正警之。如春風之解凍、和氣之消冰，才是家庭的型範。

譯文

家裡人有了過錯，不應該到處宣揚，也不應該輕易放棄而不追究。這件事本身不好說，就借托別的事情暗示諷勸。今天不覺悟，等到明天再嚴肅警告他，如同春風化解冰凍，如同和暖之氣消除寒冰，這才是家庭教育的典型和模範。

俗話說：「人非聖賢，孰能無過。」事實上，就連聖賢也是會犯錯的。然而，人性是個奇怪的東西，自己的過錯往往看不見，對家人和他人的過錯則十分敏感。都有過錯時，我們對待家人和他人的態度往往不一樣，我們對家人往往比對他人要更加苛刻。他人的過錯，我們往往能夠忍受，而看到家人犯錯則會暴跳如雷。為什麼會這樣呢？這是因為別人的過錯跟自己關係不大，大多時候不需要情緒激動。而家人就不一樣了，我們對他們懷著很大的期望，正所謂「愛之深，責之切」，就是這個道理。

當家人犯了過錯，我們應該如何處理呢？《菜根譚》告訴我們，千萬不要宣揚，不要揮起指責和訓斥的大棒，而是應該在善待家人的基礎上，用委婉巧妙的方式慢慢引導，用春風化雨般非暴力溝通的方式來啟發他們自身的覺悟。其中，講故事、打比方是常用的手段。

歷史上有一個「掘地見母」的故事，乍一看挺恐怖，但實際卻很溫馨。故事向我們講述了親人之間遇到矛盾應該如何處理。故事是這樣的：

在春秋時期的鄭國，鄭武公娶了武姜為妻，育有二子，長子寤生（即倒著生的意思），次子共叔段。因長子難產，次子順產，所以武姜喜歡共叔段而厭惡寤生。到了武公病危之際，武姜要立共叔段為太子，武公沒有同意。不久，武公去世，寤生順利繼位，這就是歷史上著名的鄭莊公。

在母親的要求下，鄭莊公把京襄城封給了共叔段。共叔段到達封地後，開始招兵買馬，陰謀篡位。鄭莊公二十二年，共叔段以為時機成熟，馬上和母親武姜密謀，準備裡應外合，攻打哥哥所在的都城，殺掉大哥自己當國君。誰知事情敗露，密信被莊公查獲。於是莊公派大將公孫呂率領兩百輛戰車前往京襄鎮壓，共叔段只好逃到鄢地。公孫呂一路追殺過來，共叔段又逃到了共地，最後終於因為寡不敵眾，敗逃而去。

對於弟弟的所作所為，鄭莊公心如刀絞。想不到母子相殘、兄弟相殘竟然到了如此的地步！對此，莊公十分憤怒，把母親軟禁在潁谷，並且發下毒誓：「不及黃泉（地下水），毋相見也！」意思就是，看不見黃泉水，從此再不跟母親見面！

時日一長，鄭莊公開始有點兒後悔，但自己發了毒誓，便也無可奈何。潁谷的長官叫潁考叔，他得知主公因為弟弟對母親發了毒誓，於是就留心規勸大王，尋找機會讓他們和好。

有一天，鄭莊公約他一起吃飯。潁考叔吃飯的時候把肉都包起來，自己不吃。鄭莊公感到十分奇怪，問他為什麼不吃肉？潁考叔回答，小人有個母親，很多好東西都吃過了，就是沒有吃過大王賞賜的肉。等會兒我帶回家去，讓老人家嚐嚐。

鄭莊公聽聞以後，十分感動潁考叔的孝順，同時眼睛紅紅的，他說：「你有母親可以盡孝道，可是我卻沒有母親了！」潁考叔趁著機會說：「大王你不也有母親嗎？

一樣可以盡孝道的。」鄭莊公搖了搖頭說：「不行，我已經發過毒誓了，不見黃泉不相見也！」潁考叔說：「這個好辦，大王只要派人挖一條隧道，一直挖出黃泉水即可。」

就這樣，鄭莊公和母親在流淌著黃泉水的地道裡相見了，母子二人團圓，其樂融融。

潁考叔沒有採取直接指責的方法，而是透過給母親留肉的方式巧妙地引起鄭莊公的悔意，同時又幫著出了奇招，解決了問題。

他的方法值得我們學習和借鑑。親人之間在相處上，難免會有犯錯的時候，因為心情煩悶，就對著自己的家人亂發脾氣，如果家人的心情碰巧也不太好，便會如同針尖對麥芒，家庭矛盾由此產生。

我們要牢記，親情的經營，就像織毛衣一樣，一針一線，針針小心；千迴百轉，線線漫長，歷經歲月才能織成。可拆毛衣就不一樣了，只要找到線頭，輕輕一拉，頃刻之間，一件漂漂亮亮的毛衣就變成亂線一團。由此可見，親情的建立與維繫，實屬不易，但稍有不慎就會毀壞關係。

所以，父母與孩子之間，兄弟姐妹之間，不管遇到什麼矛盾，犯了什麼過錯，都應該採取巧妙的方式去說服和開導。

現代文學家魯迅有首詩說：「渡盡劫波兄弟在，相逢一笑泯恩仇。」對於自己的家人，本來就沒什麼不共戴天的仇恨，是可以彼此體諒，以和顏悅色、春風化雨般的方式溝通交流。只要採取了和緩的溝通方式，就會發現家庭變得更加溫暖，充滿愛和幸福。

別讓壞朋友毀掉你和孩子們

原文

教弟子如養閨女，最要嚴出入，謹交遊。若一接近匪人，是清淨田中下一不淨的種子，便終身難植嘉禾矣。

譯文

教育子弟就像養閨閣中的女兒一樣要小心謹慎，最重要的是嚴格約束他們的出入，注意他們和朋友的往來。一旦他們結交了品行不端的壞朋友，就好像在良田中播下了一粒壞種子，可能永遠都種不出好的莊稼了。

生活在這個世界上，每個人都需要朋友，朋友是撫慰心靈的一味靈藥。然而，並不是什麼人都值得交往，就像森林裡的蘑菇，有的是美味的，有的則是有毒的。在交友的時候，我們一定要睜大眼睛，提高警惕。

法國作家巴爾札克給出忠告：「沒能弄清對方的底細，決不能掏出你的心來。」在現實中，因交友不慎，很多原本品性優良的孩子，走上墮落之路，就像良田裡埋下一粒壞種子，很難清除乾淨，再好的美言忠告也聽不進去了。

近墨者黑，近朱者赤，環境對人的影響很大，每個人都是這樣。置身於什麼樣的環境，就有可能成為什麼樣的人。除了堅忍的聖賢人物，大多數人都很難憑藉自己的力量出淤泥而不染。正如俗話所說，學好三年，學壞三天。如果把一個本來很有理想的人放在紙醉金迷的環境中，讓他交上幾個不務正業的朋友，用不了幾年，他可能就會隨波逐流、渾渾噩噩地度日了。

所以，交朋友沒錯，但我們要結交品行好的朋友。宋代《樵談》中說：「與邪佞人交，如雪入墨池，雖融為水，其色愈污；與端方人處，如炭入薰爐，雖化為灰，其香不滅。」意思就是，與奸邪諂媚之人交往，就像是白雪傾入墨池，雖然融化為水，但顏色卻被污染得更髒了；與正直之人相處，就像把木炭扔進薰爐，雖然被燒成灰燼，但這種香氣卻不滅絕。這句話用了兩個比喻，告誡我們要多交正直之士，躲開那些邪佞小人，對品行不好的人一定要保持距離，寧可不交。

那麼，我們應該如何結交品行好的朋友呢？以下有幾項準則，供各位參考：以德交友良兮，患難與共；以誠交好友兮，肝膽相照；以知交摯友兮，見多識廣；以道交錚友兮，法樂融融。

以下說明此四大交友準則：

一、以德交良友。品德高尚的朋友，可以與我們患難與共。當我們遇到困難時，他不會拋棄我們，而是會主動幫助我們，和我們一起共渡難關。相反的，那些品德低劣的勢利小人，這樣的人平時說得好聽，但當我們有難時，他跑得比誰都還快。

二、以誠交好友。誠是誠信，也是真誠，推心置腹，用真心換真心。彼此付出真心的朋友能夠肝膽相照，遇事時能夠兩肋插刀。但許多人都失去了「誠」的品質，只知欺騙和利用。如果誤交了這類人，那麼離上當受騙就不遠了。

三、以知交摯友。以知識、文化或者共同的興趣愛好為契機進行交往，往往可結交到真摯的朋友。他們知識豐富，見多識廣，可以為我們排憂解難。兩方有靈性上的溝通和互動，於是就會產生真摯的友情。這樣的朋友是可交的。需要注意的是，除了對方的才學，我們還要考察他的品德和誠信。

四、以道交諍友。我們都知道「桃園三結義」的故事，劉備、關羽、張飛是因為志同道合才走到一起的，他們的目標都是拯救天下蒼生。正所謂「道不同不相為謀」，如果志同道合的人走到一起，能夠很快交為諍友。這樣的朋友，當我們有錯時，他會毫不隱瞞地指出來，幫助我們改正，與我們彼此信任，揚長避短，共同奮鬥。

為子孫造福的三個忠告

原文

不昧己心，不盡人情，不竭物力。三者可以為天地立心，為生民立命，為子孫造福。

譯文

不違背自己的良心，不做絕情絕義的事，不耗盡物資財力。做到這三點就可以為天地樹立善良的心性，為萬民創造命脈，為子子孫孫造福。

我們多少都受到儒家思想「修身、齊家、治國、平天下」的影響。修身是基礎，而齊家則是每個人都必須面對的一門重要功課。對大多數人來說，治國平天下是輪不到自己的，能把個人的家庭顧好就很不錯了，畢竟能力有大小、機遇有窮通。窮則獨善其身，達則兼濟天下。正如北宋大儒張載所言：「為天地立心，為生民立命，為往聖繼絕學，為萬世開太平。」這是一種宏大的理想和格局，值得我們立志去追求。然而，再高遠的

後記

為寫作本書，本人研讀明代洪應明所著《菜根譚》原文，並結合當今社會實際情況，梳理出一套自己的解讀和詮釋。那麼，《菜根譚》究竟是一本什麼樣的書呢？

這是一本以處世思想為主的格言體小品文集，作者洪應明，字自誠，號還初道人。該書熔儒、釋、道為一爐，融合儒家的中庸思想、道家的無為思想和佛家的出世思想，處處可見真知灼見。內容包括修身、處世、待人、接物、應事等各個處世要點，所言所語一針見血、催人警醒。

《菜根譚》成書於明朝萬曆年間，四百年來影響深遠、經久不衰。不僅於此，該書還傳入日本，成為日本企業界的案頭必讀書。從日本明治四十年（一九〇七）到大正四年（一九一六）的短短九年時間內，反覆印刷了二十五次！中國眾多有識之士也都曾極其推崇本書。可惜很多讀者至今為止，還未能領略本書奧義，實在是一大遺憾。

為了讓《菜根譚》的思想流傳更廣，同時讓中華優秀文化有助於世道人心，本人不吝鄙陋，斗膽對《菜根譚》進行當代闡釋和解讀。由於才疏學淺，本人的解讀單薄牽強甚至隔靴搔癢，都將在所難免。書中出現的所有不足，懇請讀者諸君見諒並不吝賜教。

此外，本書是繼《每天懂一點人情世故》的後續作品。前一本是從做人做事角度解讀《菜根譚》，側重於外在的做法和應用，而本書則是從修身養性角度加以解讀，側重於內在的修煉和境界提升。兩本書可互為補充，合為一體。

每天懂一點人生哲理

菜根譚教你如何身心自在，暢情適性，逍遙人間

作者　　章岩
責任編輯　曾琬瑜
封面設計　周家瑤
版面構成　賴姵伶
行銷企劃　劉妍伶、王芃歡

發行人　王榮文
出版發行　遠流出版事業股份有限公司
地址　104005 台北市中山區中山北路 1 段 11 號 13 樓
客服電話　02-2571-0297
傳真　02-2571-0197
著作權顧問　蕭雄淋律師

2025 年 1 月 15 日 初版一刷
定價 新台幣 340 元（如有缺頁或破損，請寄回更換）

ISBN 978-626-418-039-9
遠流博識網 http://www.ylib.com E-mail: ylib@ylib.com

國家圖書館出版品預行編目 (CIP) 資料

每天懂一點人生哲理：菜根譚教你如何身心自在，暢情適性，逍遙人間/章岩著. --
初版. -- 臺北市：遠流出版事業股份有限公司，2025.1
　面；　公分
ISBN 978-626-418-039-9(平裝)
1.CST: 修身 2.CST: 人生哲學
192.1　　113017878